»Arun Gandhi verfolgt die Mission, das Erbe seines Großvaters weiter-
zutragen: Frieden, Freiheit, gewaltloser Widerstand gegen das Unrecht
dieser Welt.«
SÜDDEUTSCHE ZEITUNG

Der große Pazifist Mahatma Gandhi hat mit Sanftmut die Welt verändert. Arun Gandhi versammelt hier seine 150 wichtigsten Aphorismen
zu Themen wie Frauen, Frieden, Gewaltlosigkeit, Gerechtigkeit, Moral
oder Freiheit. Sie haben bis heute nichts an ihrer Brisanz und Aktualität
eingebüßt.
Begleitet wird der Band von Texten Arun Gandhis, in denen er sich
an die Begegnungen mit seinem Großvater erinnert und von den Er-
eignissen erzählt, durch die Mahatma Gandhi zu seinen zeitlosen Ein-
sichten gelangte. Dabei liegt Arun Gandhi besonders am Herzen, den
bedingungslosen Aufruf seines Großvaters zum Frieden in die Welt zu
tragen, gerade heute, angesichts der prekären Lage, in der sich unsere
Welt befindet.

Arun Gandhi, geboren 1934, ist der fünfte Enkel von Mahatma Gandhi.
Dreißig Jahre lang arbeitete er als Journalist für die ›Times of India‹
und schrieb zudem für die ›Washington Post‹. Arun Gandhi ist Präsident des ›Gandhi Worldwide Education Institute‹ und hält regelmäßig
Vorträge. Zuletzt erschien bei DuMont ›Wut ist ein Geschenk. Das Vermächtnis meines Großvaters Mahatma Gandhi‹. Er lebt in Rochester,
New York.

ARUN GANDHI
Sanftmut kann die Welt erschüttern

150 inspirierende Weisheiten
von Mahatma Gandhi

Aus dem Englischen
von Alissa Walser

DUMONT

Inhalt

Vorwort
des Dalai Lama

Es ist mir eine Freude, zu sehen, dass Arun Gandhi, Enkelsohn von Mahatma Gandhi, in seinem Buch *Sanftmut kann die Welt erschüttern* eine Sammlung von Zitaten seines Großvaters zusammengestellt hat.

Ich hatte zwar keine Gelegenheit, Gandhi ji[1] zu begegnen, aber sein Leben und all seine Botschaften haben meine Art zu denken grundlegend beeinflusst. Gandhi ji war ein großartiger Mensch mit einem tiefen Verständnis für die Natur des Menschen. Er scheute keine Mühe, um den positiven Eigenschaften, die im Menschen angelegt sind, zur vollen Entfaltung zu verhelfen; die negativen dagegen versuchte er zu minimieren oder zu bändigen. Meine Anerkennung gilt Arun Gandhi, der sich unermüdlich dafür einsetzt, ein neues Bewusstsein für Gandhi jis Lehren zu schaffen.

Im Mittelpunkt von Mahatma Gandhis Denken stand die Suche nach Wegen aus der Krise, mit der die

Welt konfrontiert ist. Er engagierte sich für *Ahimsa*, die Gewaltlosigkeit, sowie für Frieden. Ahimsa und *Karuna* (Mitgefühl) sind die Kostbarkeiten Indiens. Ich glaube, dass wir in der heutigen Welt ebenso von den altindischen Weisheiten profitieren können wie die Menschen zu Gandhi jis Zeiten. Die Prinzipien der Gewaltlosigkeit, sowohl in persönlichen Zusammenhängen wie in globalen, sind für uns heute sogar noch unverzichtbarer geworden.

Als Anhänger von Gandhi ji verstehe ich es als meine Aufgabe, mich durch meine Aktivitäten der Verbreitung seiner Botschaften zu widmen. Mein Gefühl sagt mir, dass Arun Gandhis Buch bei vielen Lesern, sowohl in Indien als auch im Ausland, einen langen Nachhall erzeugen wird.

Seine Heiligkeit der Dalai Lama am 15. Juli 2019

---

1)ji(ist ein geschlechtsneutraler Ehrentitel, der als Namenszusatz in vielen Sprachen des indischen Subkontinents gebräuchlich ist, zum Beispiel in Hindi. Gewöhnlich wird er verwendet, um einer Person Respekt zu zollen. (A. d. Ü.)

Swaraj

Warum uns das Vermächtnis meines Großvaters heute Orientierung geben kann

Als ich Beirut, die Hauptstadt des Libanons, besuchte, wurde ich von drei jungen Palästinensern durch das Labyrinth des ältesten Flüchtlingslagers begleitet.

Alle drei waren in verwahrlosten Flüchtlingslagern zur Welt gekommen. Sie absolvierten ihre Ausbildung im Libanon, erhielten aber keine Erlaubnis, dort zu arbeiten. Alle drei leisten mit großem Einsatz soziale Arbeit im Lager, um den Menschen, die in den Händen von skrupellosen Politikern zu reinen Schachfiguren und von der Weltöffentlichkeit größtenteils vergessen geworden sind, ein wenig Erleichterung zu verschaffen.

Nachdem ich zwei Stunden lang ihre herzzerreißenden Geschichten gehört hatte, erlebt hatte, wie hier die Menschlichkeit mit Füßen getreten wurde, stellte ich ihnen die Frage: »Was hofft und erwartet ihr?«

Da kam es unisono wie aus der Pistole geschossen: »Wir warten auf einen wie Gandhi, der uns in die Freiheit führt.«

Einerseits ist es schmeichelhaft, dass mein Großvater 150 Jahre nach seiner Geburt und 71 Jahre nach seinem Tod von Menschen rund um den Globus immer noch hoch geschätzt wird, andererseits zeugt es, nüchtern betrachtet, von unserer tiefen Hoffnungslosigkeit und Ratlosigkeit, wenn wir darauf warten, dass ein anderer die Probleme der Welt für uns löst. Wie überrascht waren sie, als ich ihnen erzählte, dass Gandhi nicht als *Mahatma* (große Seele) geboren wurde, sondern dass er erst durch die unmenschlichen Zustände, die ihn umgaben, zum Mahatma wurde. Dass er sich unermüdlich dafür einsetzte, Gerechtigkeit zu schaffen, mit Liebe, Respekt, Verständnis und Mitgefühl. Ich beteuerte, dass auch *sie* das Potential besäßen, ein Mahatma zu werden, so ein Mensch wie der, auf den sie warteten. Doch leicht ist das nicht. Dazu müssten sie den Mut haben zu sterben, ohne jedoch zu töten; sie müssten in eine hasserfüllte Welt Liebe bringen; und sie dürften sich nicht dazu hinreißen lassen, Gewalt mit Gewalt zu begegnen.

Diese Eigenschaften haben Mohandas Karamchand Gandhi zu einem Mahatma gemacht. Er wurde der General einer gewaltlosen Armee. Er hatte das Sagen und bestimmte, wo, wann und warum eingegriffen werden sollte. Er überlistete die Kräfte der Gewalt und überwältigte sie mit Liebe.

Nicht nur mittellose, ausgebeutete, leidende Menschen verfallen in ihrer Verzweiflung der Vorstellung, Gandhi sei von Gott gesandt worden, um die Welt vor dem Untergang zu bewahren. Auch Philosophen und hochkarätige Akademiker glauben an einen makellosen Gandhi, der als Heiliger zur Welt kam.

Gandhi hat viel Zeit damit zugebracht, diese These zu widerlegen. Er wiederholte immer und immer wieder, dass er, wie jeder normale Mensch, Fehler mache und Schwächen und Makel besitze. Warum? Weil wir uns durch die Überhöhung seiner Person der eigenen Verantwortung entziehen können. Indem wir ihn zum Übermenschen machen, versäumen wir das Wichtigste: ihn uns zum Vorbild zu nehmen.

Deshalb ist es wichtig, dass wir an Gandhis 150. Geburtstag innehalten, auf sein Leben blicken und nach seiner Motivation fragen. Warum schlug er einen Weg ein, den sonst keiner ging? Und vor allem, wie und warum traf er die Entscheidung, dem Hass mit Liebe zu begegnen?

Gandhi war ein bescheidener Anwalt. Das Sprechen vor Gericht fiel ihm nicht leicht. Zuhause und im Freundeskreis wurde darüber gewitzelt, weil von ihm erwartet wurde, im Beruf erfolgreich zu sein. Schließlich hatte er die ganze Familie zu unterhalten und darüber hinaus die enorme Summe zurückzuzahlen, die er für das Studium in England ausgegeben hatte. Er meinte, er könne nicht genügen, und hatte starke Schuldgefühle; andererseits besaß er ein stark ausgeprägtes Ego. Er verstand sich als »brauner Engländer«.

Zu dieser Zeit wurde er nach Südafrika eingeladen. Er nahm aus schierer Verzweiflung an. Man hatte ihn nicht einmal als Anwalt angefragt. Er sollte einfach nur zwischen einem weißen, Englisch sprechenden Anwalt und einem indischen Klienten vermitteln. Wie schlimm seine finanzielle Lage war, lässt sich daran ablesen, dass Gandhi eine Stelle als Übersetzer in einem fremden Land annahm, obwohl er ein in England ausgebildeter, beim obersten Gericht zugelassener Anwalt war. Sein Ansehen war ihm damals noch wichtig. Stets war er makellos gekleidet, und die englische Etikette gehörte zu seinem Leben. Unterbewusst glaubte Gandhi fest daran, dass die Weißen die Nicht-Weißen hassten, weil sie ihre Gewohnheiten als unangenehm empfanden. Als er aus England zurückkam, versuchte er, seine indische Heimat zu revolutionieren. Er wollte zum Beispiel nicht, dass die Frauen beim Kochen auf dem Boden hockten. Er ließ auch eine Vorrichtung bauen, eine Art Tisch mit Stühlen, auf denen die Familie, wie eine weiße Familie, beim Essen sitzen sollte. Er versuchte den Kindern beizubringen, Gabel und Messer zu benutzen, sie sollten nicht mehr mit den Händen essen. Die Kinder mussten fortan selbst in der Gluthitze des Sommers Schuhe und Strümpfe tragen, anstatt barfuß zu gehen. Eines Tages mussten seine beiden älteren Brüder Gandhi mitteilen, dass diese vielen Veränderungen die Familie eine Menge Geld kosteten und dass er doch erwägen möge, in die Welt hinauszuziehen und es zu verdienen.

Seine Vorliebe für die Kultur des Westens brachte ihn auch mit den unangenehmen Aspekten westlicher Gesinnungen in Berührung, wie zum Beispiel der Rassendiskriminierung. Als er in Südafrika angekommen war, hörte er, wie die Weißen und viele der indischen Kaufleute die eingeborenen Afrikaner abfällig als *Kafirs* bezeichneten. Und es schlich sich auch in Gandhis Vokabular. Man könnte sagen, er war von dem Wunsch, von den Weißen als gleichgestellt akzeptiert zu werden, so sehr geblendet, dass er zeitweise nicht mehr in der Lage war, zu entscheiden, was richtig war und was falsch. Er war eben ein Mensch mit allen menschlichen Schwächen und Fehlern.

Ich habe immer bewundert, dass er nie versucht hat, seine Unzulänglichkeiten zu verbergen. Wenn er sagte, »mein Leben ist ein offenes Buch«, dann meinte er es auch so. In seiner Autobiographie mit dem treffenden Titel *Die Geschichte meiner Experimente mit der Wahrheit* offenbart er all seine Fehler und Irrungen freimütig – man findet darin das Gute ebenso wie das Schlechte und Hässliche.

Im Jahre 1906 bekam seine westliche Rüstung erste Risse. Damals wehrten sich die Zulus gegen ungerechte Besteuerungen durch die Engländer, und es begann der Zulu-Aufstand. Gandhi führte ein Sanitätskorps aufseiten der Briten an, das aus indischstämmigen Männern bestand. Etwas früher, im Burenkrieg, galt seine Loyalität noch eindeutig den Briten, auch wenn er mit den Buren sympathisiert hatte. Er empfand sich als Teil des britischen Imperiums und glaubte, dass ein Bürger, der bestimmte Rechte genießt, auch Verantwortung in der Verteidigung des Reiches übernehmen müsse. Kämpfen war ihm ein Greuel, und er entschied sich dafür, ein Sanitätskorps auf die Beine zu stellen. Die herausragenden Leistungen der indischen Freiwilligen wurden von den britischen Beamten vielfach ausgezeichnet, und die Zeitungen überzeugten Gandhi davon, dass die Inder nun ihrem Ziel, den Weißen gleichgestellt zu werden, einen Schritt nähergekommen waren.

Nach dem Ende des Burenkriegs im Jahr 1902 ließ Gandhi sich in Johannesburg nieder. Er wollte einfach nur seiner Arbeit nachgehen. Doch in der Zeitung las er die Berichte über den Zulu-Aufstand in Natal. Der Häuptling des zum Zulu-Volk gehörenden amaZondi-Clans Bambatha kaManczinza weigerte sich, eine weitere Steuer an die Briten zu zahlen, die er als ungerecht empfand. Die Regierung von Natal entsandte Polizeibeamte, um die Steuer einzutreiben. Im Februar 1906 wurden zwei britische Offiziere in der Nähe von Richmond getötet. Als danach das Kriegsrecht verhängt wurde, floh Bambatha nach

Norden, um sich mit König Dinuzulu zu beraten, der ihn stillschweigend unterstützte und Bambatha und dessen Familie an seinem Hofe aufnahm.

Mein Großvater begab sich zu dieser Zeit nach Natal, um zu helfen. Dort wurde er Zeuge der britischen Brutalität. »Kein Krieg, sondern eine Menschenjagd«, beschrieb Mahatma Gandhi 1927 in seiner Autobiographie die Niederschlagung der Rebellion.

Die Zulus waren mit *Assagais* (Speeren) bewaffnet, die Briten hatten Gewehre. Die Jagd auf Zulus wurde zum Zeitvertreib britischer Soldaten. Sie schossen den Flüchtenden von hinten in den Rücken. Gandhi war bis ins Mark hinein erschüttert. Doch er glaubte, dass es sich um eine Verfehlung handle und die britische Gerechtigkeit am Ende die Oberhand behalten werde.

Gandhis Empfinden in Bezug auf die Zulus änderte sich drastisch. Er hielt sie nicht mehr für minderwertig. Es wurde ihm klar, dass, wenn er von den Weißen Respekt und Gleichheit forderte, er denselben Respekt und dieselbe Gleichheit auch anderen zugestehen musste. Wenn wir uns nicht ändern, können wir auch von anderen nicht erwarten, dass sie sich ändern. Die Verwandlung von Mohandas zum Mahatma hatte begonnen. Er kümmerte sich um die verletzten Afrikaner und begrub die Toten, obwohl die Weißen sie mieden. Je weiter er sich von den Briten distanzierte, desto deutlicher wurde ihm, dass die Kultur des Westens auf eine Selbstzerstörung hinauslief, weil sie auf Gier, Egoismus, Ausbeutung und Verschwendung gegründet war. Um diesen Lebensstil zu nähren und erhalten, musste die Kultur der Gewalt geschaffen werden. Seine Heiligkeit der Dalai Lama formulierte es so: »Anstatt Menschen zu lieben und Dinge zu benutzen, benutzen wir Menschen und lieben Dinge«.

Kapitalismus vermehrt die Habgier. Für manche vermehrt er den Reichtum, für andere die Armut. Über die Hälfte der Weltbevölkerung lebt in bitterer Armut und kämpft nur ums Überleben.

Paradebeispiele für die wachsende Ungleichheit sind Indien und China, in beiden Ländern boomt die Wirtschaft, beide produzieren für die reichen Nationen der Welt, und dennoch profitiert nur ein kleiner Teil der enorm großen Bevölkerung vom Wirtschaftsaufschwung. In Indien lag das Wirtschaftswachstum im Haushaltsjahr 2017/18 bei 6,75 Prozent und 2018/19 bei 7,3 Prozent (Quelle: Auswärtiges Amt). Indien zählt damit zu den am stärksten expandierenden

Volkswirtschaften der Welt. Dennoch liegt das jährliche Pro-Kopf-Einkommen bei rund 1.720 US-Dollar. »Auf dem Human-Development-Index des UNDP (Stand Anfang 2018) steht Indien auf Platz 130 unter 189 erfassten Staaten. Während es weltweit die meisten Millionäre und Milliardäre beheimatet, liegt das Land bei vielen Sozialindikatoren unter den Durchschnittswerten von Subsahara-Afrika.« (Quelle: Auswärtiges Amt). Mit anderen Worten: Ein großer Teil der indischen Bevölkerung ist von einer so tiefen Armut und Unwissenheit betroffen, dass er unter schlechtesten Bedingungen leben muss.

Aber auch in Europa und den Vereinigten Staaten leben Millionen von Menschen in Armut. Sie werden von einer Gesellschaft der Gier an den Rand gedrängt.

Menschen, die in Armut und Unwissenheit gehalten werden, lassen sich leichter ausbeuten. Länder mit fortschrittlichen Arbeitsgesetzen suchen heutzutage händeringend nach billiger und ausbeutbarer Arbeitskraft. Mittlerweile sind sie dazu übergegangen, Facharbeiter aus übervölkerten Ländern zu importieren. Oder sie machen sich unter dem Deckmäntelchen einer barmherzigen Tat die Menschen zunutze, die aus problembehafteten Ländern geflüchtet sind. Und wenn die Verantwortlichen behaupten, den Armen einen Gefallen zu tun, weil sie ihnen Jobs anbieten, so wird das hingenommen. Wenn aber die unterste Schicht beginnt, Forderungen zu stellen, greift die Industrie auf die unterste Schicht benachbarter Länder zurück. Die Vereinigten Staaten sind ein Musterbeispiel hierfür. Die herrschende Klasse schimpft medienwirksam über die mexikanischen Einwanderer, um die Unterschicht der Vereinigten Staaten zu beruhigen. Andererseits verlegt sie ihre Produktionsstätten gerne in Länder, in denen der Mindestlohn nicht existiert oder weit unter den Löhnen in den USA liegt, ein klassisch kolonialistisches Verhalten.

Die Regierung weiß sehr wohl um die Vorteile, die die Einwanderer der amerikanischen Wirtschaft bringen. Würde die Verwaltungsbehörde die südamerikanischen Einwanderer jedoch legalisieren, hätten diese Anspruch auf Sozialleistungen. Sowohl der Staat als auch die Industrie profitieren vom illegalen Status der südamerikanischen Arbeitskräfte, denn das ermöglicht es ihnen, einen Dumpinglohn und keine Sozialleistungen, zu zahlen, und zudem können sie diese unglücklichen Menschen gefügig machen, indem sie ihnen mit Ausweisung drohen.

Diese herzlose Art der Ausbeutung findet bis zu einem gewissen Grad in so gut wie allen Gesellschaften statt – und dabei spielt es keine Rolle, ob es sich um eine Demokratie handelt oder um eine Diktatur. Schon immer haben Menschen andere Menschen ausgebeutet, und das wird sich nur ändern, wenn wir endlich beginnen, Egoismus und Habgier hinter uns zu lassen.

Ich wurde in Südafrika geboren und wuchs auch dort auf. Als ich zwölf Jahre alt war, schickte man mich zu meinem Großvater nach Indien. 1945 lag die ganze Welt im Chaos. Gerade erst war ein erschöpfender und entmenschlichender Zweiter Weltkrieg zu Ende gegangen. Und ein neuer und experimenteller gewaltloser Kampf gegen den britischen Imperialismus in Indien kam ebenfalls zu einem Ende. Eigentlich hätten sich Großvater und die anderen indischen Anführer an dieser Stelle darüber freuen können, dass ein Kampf, ohne Gewehre und Waffen geführt, zum Erfolg geführt hatte. Aber Gandhi stand praktisch vor dem Scherbenhaufen seiner Träume.

Siebenundzwanzig Jahre lang war es ihm gelungen, im Kampf um die Befreiung Indiens aus englischer Kontrolle und Vorherrschaft Gewalt zu vermeiden. Aber nun kochte sie hoch. Und in nur wenigen Monaten wurden in unzähligen blutigen Krawallen zwischen Hindus und Moslems über eine Million Menschen abgeschlachtet. Die Feindseligkeiten zwischen Indien und Pakistan dauern bis heute an und flammen immer wieder auf. Die beiden Länder haben in siebzig Jahren drei Kriege geführt, und der nächste schwebt wie ein Damoklesschwert über ihren Häuptern.

Diese brutale Gewalt allein hätte ausgereicht, das Herz meines Großvaters zu brechen. Doch dann begannen auch noch einige seiner früheren politischen Weggefährten sich von ihm und seiner Philosophie zu distanzieren. Sie entwarfen einen Plan, mit dem sie Indien auf einen materialistischen Kurs bringen wollten. Das Ergebnis war eine Kultur der Gewalt und der Gier mit allen negativen Begleiterscheinungen. Jeder andere, der durchgemacht hätte, was mein Großvater durchgemacht hat, wäre zornig geworden oder deprimiert oder hätte versucht, eine Gegenrevolution anzuzetteln, um die eigenen Visionen durchzusetzen. Tatsächlich fragt man mich noch heute, warum Großvater mit seinem politischen Charisma das Volk nicht in eine Revolution gegen die herrschende Kongresspartei geführt habe. Der Grund liegt auf der

Hand: Er hat es nicht getan, weil er an den Rechtsstaat glaubte und an die Demokratie und an ihre Regeln. Und ihm war bewusst: Würde er auf diese Weise handeln, dann würde auf den Schlachtfeldern der blutigen Revolution Bruder gegen Bruder antreten. Das aber war es nicht, was er sich für dieses Land, das noch mitten in den Geburtswehen steckte, erhoffte. Er akzeptierte das Urteil der Mehrheit und half, die durch die Teilung hervorgerufenen verbitterten Gewaltexzesse zu befrieden, auch wenn er tief in seinem Herzen wusste, dass all das zu vermeiden gewesen wäre. Die Führung hätte sich nur mit großer Geduld um ein vereintes Indien bemühen müssen.

Gandhi verschwendete weder Zeit noch Energie damit, über etwas zu verzweifeln, was nicht eintrat. Mit einem kleinen, einem engagierten und ambitionierten Team – über die Hälfte davon waren Frauen – marschierte Großvater durch das geteilte Bengalen und predigte Gewaltlosigkeit, Liebe und Brüderlichkeit. In seiner Biographie hat Lord Mountbatten, der letzte Britische Vizekönig Indiens, bestätigt, dass es keinem außer Gandhi geglückt ist, Frieden in diese Region zu tragen. Und das ohne auch nur einen einzigen Schuss abzufeuern. Auf Indiens Westseite hingegen, wo der Staat Punjab nun gezwungen war, einen Teil an Pakistan abzutreten, musste das Militär eingreifen.

Aus dieser Begebenheit lässt sich zweierlei lernen. Erstens: Ein Mensch, gerüstet mit Liebe und Respekt, mit Verständnis und Mitgefühl – den Säulen, auf denen die Philosophie der Gewaltlosigkeit ruht –, kann das Leben würdigen und Frieden schaffen, ohne einen einzigen Schuss abzufeuern. Zweitens: Gewalt macht nicht Halt vor einem Menschenleben, und sie baut auf ein Fundament aus Wut und Frustration, Vorurteil und Hass.

Beim Abendgebet am 11. März 1930 am Ufer des Sabarmati bei Ahmedabad versammelten sich zehntausend Teilnehmer des Salzmarsches. Es war am Vorabend des historischen Salzmarsches nach Dandi, der zum Ziel hatte, das Salzmonopol der Engländer zu brechen. Gandhi hielt dazu eine denkwürdige Rede, dabei beschwor er seine Mitstreiter noch einmal, das reine Mittel der Gewaltlosigkeit zu wählen beim Kampf um die Freiheit.

»Ich mache nur eines zur Bedingung, und das ist: Lasst uns an unserem Gelöbnis der Wahrheit und

Gewaltfreiheit als einziges Mittel zur Erlangung von *Swaraj* in Treue festhalten.«

Auch wenn er den Begriff Swaraj hier im Zusammenhang mit politischer Freiheit benutzte, bedeutet er bei Gandhi Freiheit der Seele bzw. Freiheit von allen Fesseln und allem, was einengt.

Der Salzmarsch zum Arabischen Meer war ein Affront gegen die Briten, und Gandhi ging bewusst das Risiko ein, verhaftet zu werden. Es war eine Tat von hoher Symbolkraft, das Salz am indischen Strand zu sieden. Diese Aktion führte zur allgemeinen Verweigerung der britischen Salzsteuer, und die daraus resultierenden landesweiten Massenproteste sollten das mächtigste Reich der damaligen Welt, das British Empire, in seinen Fundamenten erschüttern. Gandhis 385 Kilometer langer Salzmarsch (vom 12. März bis 5. April 1930) ging in die Geschichte ein. In einer Pressemitteilung vom 5. April 1930 erklärte Gandhi: »Ich wünsche mir die Sympathie der Welt in diesem Kampf des Rechts gegen die Macht.«

Die Machtstruktur, die wir geschaffen haben, stützt sich auf Autorität und die Herrschaft über Menschen. Eine solche Struktur lässt sich schnell und effektiv einsetzen. Wer mit Gewalt droht, erzeugt Angst. Wir bilden junge Menschen zu furchtlosen Kämpfern aus, um die *Kultur der Gewalt* zu stärken. Diese Kämpfer sind in der Lage zu töten und, wenn nötig, ihr Leben für das Wohl des Landes zu opfern. In den letzten zweihundert Jahren wurden Millionen von jungen Menschen geopfert, nur weil einige wenige Menschen der Ansicht waren, dass allein militärische Mittel der Garant für internationalen Respekt seien.

Wenn wir zulassen, dass unser Leben und unsere Beziehungen von der Kultur der Gewalt bestimmt werden, pervertieren und vernichten wir unsere moralischen Werte. Unser inneres Wissen darum, was richtig ist und was falsch. Überall auf der Welt wird zunehmend mehr für Rüstung ausgegeben – für immer mehr Waffen mit verheerenden Folgen. Ebenso steigt, zumindest in den Vereinigten Staaten, die Verbreitung von Waffen im privaten Bereich. Jeder Bürger hat dort das Recht, zu schießen, zu töten, um sich selbst und seinen Besitz zu schützen. Mit anderen Worten: In den USA kann ein Mensch aus Furcht vor persönlichem Verlust gleichzeitig zum Richter, Geschworenen und Henker werden.

In der Debatte über die freie Verkäuflichkeit von Schusswaffen in den USA wird immer das »Recht« heraufbeschworen, eine Schusswaffe zu besitzen.

Und darüber hinaus werden die Bürgerrechte in einer Demokratie permanent diskutiert. Das heißt, es wird darüber beraten, was die grundlegenden Rechte umfassen. Tatsächlich haben wir die *Bill of Rights*. Sie wird von den Demokratien in der ganzen Welt verehrt.

Die Frage nach dem Recht erinnert mich an das, was mein Großvater in einer Ansprache an die indischen Nation am 28. Juni 1947 gesagt hat, während die verfassungsgebende Versammlung noch dabei war, die Konstitution des freien Indiens zu entwerfen. Er sagte:

»Heute möchte ich Ihnen eine ganz besondere Botschaft überbringen. Wenn jemand etwas Gutes tut, lässt er damit die ganze Welt am Guten teilhaben. Wenn jemand etwas Schlechtes tut, kann er seine Tat zwar nicht mit der Welt teilen, er kann aber der Welt Schaden zufügen. Die verfassungsgebende Versammlung diskutiert über die Bürgerrechte. Tatsächlich ist die angemessene Frage nicht die nach den Rechten eines Bürgers, sondern die nach seinen Pflichten [...] Grundrechte müssen die Rechte sein, die nicht nur das Interesse des Bürgers vertreten, sondern das Interesse der ganzen Welt. Heute fragt ein jeder nach seinen Rechten. Doch wenn ein Mensch lernt, seinen Pflichten nachzukommen ... wenn wir von Kind an lernen, was unser *Dharma* (unsere heilige Pflicht) ist, und uns davon leiten lassen, dann ergeben sich unsere Rechte von selbst [...] das ist das Schöne daran: Das Erfüllen unserer Pflicht sichert uns unser Recht. Rechte können von Pflichten nicht getrennt werden. Aus diesen Überlegungen ist *Satyagraha* entstanden, denn mir war es stets wichtig, herauszufinden, was meine Pflicht ist.«

Am nächsten Tag nahm Gandhi dieses Thema wieder auf und bezog es direkt auf das Problem der Religionskonflikte.

»Gestern habe ich über Pflichten zu Ihnen gesprochen. Aber es war mir nicht möglich, all das zu sagen, was ich mir vorgenommen hatte. Wo immer ein Mensch sich aufhält, werden ihm ganz bestimmte Pflichten auferlegt. Ein Mensch, der seine Pflichten vernachlässigt und nur um seine Rechte bemüht ist, weiß nicht, dass Rechte, die sich nicht aus erfüllten Pflichten ergeben, keinerlei Sicherheit gewähren. [...] [Menschen] werden Rechte erlangen, wenn sie ihren Pflichten nachkommen. [...] So lautet eines der wichtigsten Gesetze.«

Die Welt feiert Gandhis 150.Geburtstag. Doch es wurde noch nicht ausreichend versucht, Gandhis *Philosophie der Gewaltlosigkeit* zu verstehen und zu leben. Gelegentlich versuchen wir sie wahllos anzuwenden. Die Welt ist fest in der Hand der Kultur der Gewalt und ihrer komplexen Logik. Und es erscheint unmöglich, einen Ausweg aus diesem Strudel zu finden, ohne größere Umwälzungen einzuleiten.

Gandhi machte sich vor über einhundert Jahren Sorgen um die zunehmende zerstörerische Gewalt. Wie besorgt wäre er also heute über die hochpräzise und -technologisierte Kriegsindustrie. Wir praktizieren eine *Wissenschaft ohne Menschlichkeit*, um Waffensysteme zu entwickeln, die so raffiniert sind, dass wir mit ihnen, während wir tausende Meilen entfernt bequem an unserem vollklimatisierten Arbeitsplatz sitzen, punktgenau die Leben von schuldigen wie unschuldigen Menschen auslöschen können.

Die Kultur der Gewalt ist mit unserem materialistischen Lebensstil direkt verbunden. Materialismus und Moral stehen in einem reziproken Verhältnis zueinander. Nimmt das eine zu, nimmt das andere ab.

Die Vereinigten Staaten sind heute wahrscheinlich das konsumorientierteste Land der Welt und folglich ist dort auch die Mordrate am höchsten. In keiner anderen freien Gesellschaft, die sich auf demokratische Prinzipien beruft und auf die in einer demokratischen Verfassung verankerten Prinzipien von Recht und Freiheit, sitzen so viele Menschen in Gefängnissen. Und nirgendwo in der Welt besitzen so viele Privatmenschen so viele Schusswaffen wie in den Vereinigten Staaten; auch die organisierte Kriminalität, der illegale Drogen- und Menschenhandel, ist in den USA massiv vertreten. Zudem sind Amokläufe eine reale Bedrohung.

Die Statistiken des United Nations Office on Drugs and Crime benennen einen weiteren Unterschied zwischen den USA und anderen relativ sicheren, hochentwickelten Nationen: In den USA ist die Zahl der Tötungsdelikte weit höher als in vergleichbar entwickelten Ländern. Im Jahr 2017 wurden in den USA 17.284 Mordfälle registriert, was zwar sehr viel weniger ist als die 24.526 im Jahr 1993 gemeldeten Mordfälle, aber dennoch kommen in den USA auf 100.000 Einwohner 5,3 Mörder. Im Vergleich dazu: 0,2 in Japan, 0,8 in Australien, 1,0 in Deutschland, 1,2 im Vereinigten Königreich und 1,3 in Frankreich.

Der konsumorientierte Lebensstil ist deshalb so erfolgreich, weil er alles ausbeuten kann – von den natürlichen Ressourcen bis hin zum Menschen. Menschen werden sowohl als Arbeitskräfte ausgebeutet als auch als Konsumenten.

In der Vergangenheit versklavten die Reichen und Mächtigen die Armen und Unwissenden, um sich billige Arbeitskraft zu sichern. Als die Menschen immer aufgeklärter wurden, begannen sie gegen die Sklaverei zu rebellieren, und die Sklaverei wurde per Gesetz abgeschafft. In Wirklichkeit jedoch trägt die Sklaverei nur ein neues Gewand: Es ist das Gewand der Armut. Und Gandhi sagte, Armut sei die schlimmste Art der Gewalt.

Sein ganzes späteres Leben lang betonte Gandhi, wie wichtig es sei, jegliche Gewalt aus unserem Leben zu verbannen: jede Art physischer Gewalt in Form von körperlichen Kämpfen, Töten und Kriegen, aber auch die passive Gewalt, wie sie sich in vielfältiger Weise in unserem Alltag zeigt – angefangen mit Diskriminierung und Unterdrückung bis hin zur Verschwendung irdischer Ressourcen und dem maßlosen Konsum. Und genau so versucht man uns weiszumachen, Friede sei die Abwesenheit von Krieg und Kampf.

In einem Vorwort der 1993 in den USA erneut aufgelegten Autobiographie Mahatma Gandhis empfiehlt uns die Philosophieprofessorin und Friedensexpertin Sissela Bok, Gandhis *Versuch des genauen Hinschauens* zu praktizieren. Was hält einer genauen Prüfung stand und was nicht, was ist auf die neuen Umstände übertragbar und was nicht? Was braucht es, damit es uns gelingt, für uns und unsere Lebensgemeinschaften eine Veränderung herbeizuführen. Sie schreibt: »Das erste seiner Vermächtnisse ist der starke Glaube daran, dass jeder Mensch sein Leben nach höchsten Idealen formen und gestalten kann – so unbedeutend und machtlos er sich auch fühlen mag. Von Kindesbeinen an war Gandhi überzeugt, dass die Entscheidung, wie er sein Leben führen wollte, von Belang war, und dass er diese Entscheidung so zu treffen hatte, dass sie mit dem, was er für richtig hielt, übereinstimmte.

Das zweite Vermächtnis ist für uns heute dringlicher denn je. Wir erleben massenhaft Angriffe auf die Zivilbevölkerung, vorgeblich verübt im Namen von Ethnien und Religionen – wie z. B. im ehemaligen Jugoslawien, doch auch in vielen anderen Teilen der Welt und sogar in Gandhis Indien. Gandhi war in seiner kulturellen und religiösen Tradition tief verwurzelt und trotzdem lehnte er jegliche Form von sozialer, ethnischer und religiöser Intoleranz ausdrücklich ab. Er betonte wieder und wieder, dass wenn die Mittel nicht angemessen sind, man nicht nur die Ziele, die erreicht werden sollen, korrumpiert und degradiert, sondern auch sich selbst als Mensch. Sich diesem Drang zu widersetzen, zu solchen Mitteln zu greifen, ist am schwierigsten, wenn es darum geht, Ungerechtigkeiten der Vergangenheit wiedergutzumachen. Den Grund dafür sah Gandhi darin begründet, dass viel zu selten nach der Maxime *Hasst die Sünde, nicht den Sünder* gehandelt würde. Deshalb könne *das Gift des Hasses sich in der Welt ausbreiten.*

Gandhis drittes Vermächtnis lautet: Nur wo persönliche Veränderungen stattfinden, besteht die Möglichkeit, soziale Veränderungen herbeizuführen. Er wies darauf hin, dass der Versuch, Prinzipien wie Gewaltlosigkeit oder Gerechtigkeit in öffentlichen Angelegenheiten umzusetzen, zu nichts führe, solange man sie in seinem Privatleben vernachlässige. Und es ist weise, sich am Anfang mit kleinen Schrittchen zu begnügen. Jeder Mensch kann sich im eigenen Leben Friedenszonen einrichten – also Bereiche, aus denen Gewalt und Unwahrheit verbannt sind.

Wer so handelt, bereitet den Boden für eine *Welt von morgen*.

Und wie sollte diese Welt von morgen aussehen, von der Gandhi immer träumte?

Es wird auf jeden Fall eine Gesellschaft sein, die auf Gewaltlosigkeit beruht. Vielleicht wirkt das Ziel sehr fern, vielleicht gleicht es einer Utopie. Doch wenn man sich im Hier und Jetzt dafür einsetzt, dann kann dieses Ziel erreichbar werden. Wir müssen nicht darauf warten, dass die ganze Welt auf Gewalt verzichtet, wir können die Ersten, die Vorhut sein, wenn wir es wollen. Und wenn wir oder auch nur irgendein einziger Mensch es kann, können es auch Gruppen von Menschen. Oder sogar ganze Nationen. Die eigentliche Aufgabe ist es, vor der Welt eine gute Gesellschaft hervorzubringen, eine Gesellschaft, die Ausdruck dieser Sehnsucht des Menschen nach etwas Höherem ist.

Der bengalische Dichter und Literatur-Nobelpreisträger Rabindranath Tagore schrieb in seinem Essay *Nationalismus in Indien*: »Wir dürfen nicht vergessen, dass jede Schwäche, die wir in unserer Gesellschaft zulassen, auf der Ebene der Politik eine Quelle der Gefahr darstellt. Dieselbe starre Trägheit, die dazu führt, dass unsere sozialen Einrichtungen an hohlen Formalitäten festhalten, lässt uns [...] Gefängnisse mit starren Mauern errichten. Weil wir ein schwach ausgeprägtes Mitgefühl haben, demütigen wir einen beträchtlichen Teil der Menschheit, wir stempeln sie als Unterlegene ab. Diese Schwächen des Einzelnen zeigen sich in unserer Politik, die dann zu einer Schreckensherrschaft der Ungerechtigkeit wird.«

Ein Problem der westlichen Welt ist, dass sie die politische Freiheit für das einzige wesentliche Gut eines Gemeinwesens hält, und dies so sehr, dass sie alles andere vernachlässigt. So gelangen wir zwar zu souveränen Staaten, was gut ist, oft genug entpuppen sich diese aber als untätig – allein um Ausgleich der Kräfte bemüht. Die vielen sozialen und ethischen Probleme werden nicht entschlossen genug angegangen, mehr noch: Sie werden immer größer. Dazu noch einmal der bengalische Dichter Rabindranath Tagore:

»Mit unseren sozialen Idealen können wir eine menschliche Welt gestalten, wenn unsere Gedanken jedoch von den Idealen abschweifen und hin zur Gier der Macht tendieren, dann leben wir in einem Zustand der Vergiftung [...]. Unsere Kraft bedeutet dann nicht, dass wir gesund sind, und unsere Freiheit nicht, dass wir frei sind. Das heißt, politische Freiheit gewährt uns keine Freiheit, solange unser Geist nicht frei ist. Ein Auto verschafft uns nicht die Freiheit der Bewegung, denn es ist bloß eine Maschine. Wenn ich selbst frei bin, dann kann ich das Auto im Sinne meiner Freiheit nutzen.

Man muss sich stets bewusst sein, dass die Menschen, die politische Freiheit besitzen, nicht unbedingt frei sind. Sie sind höchstens mächtig. Ihre ungezügelten inneren Leidenschaften schaffen unter der Maske der Freiheit gigantische Sklaven-Organisationen. Wer sich das Geldverdienen zum höchsten Ziel auserkoren hat, verkauft unbewusst sein Leben und seine Seele an reiche Menschen oder an Organisationen, die das Kapital repräsentieren. Wer in seine politische Macht verliebt ist und über die Ausweitung seiner Herrschaft auf Menschen anderer Nationen höchst erfreut ist, der gibt seine eigene Freiheit und Menschlichkeit nach und nach an die Organisationen ab, die dafür sorgen, dass andere Völker versklavt werden. Die Mehrheit der Menschen in den sogenannten freien Ländern ist nicht frei. Sie werden von einer Minderheit zu einem Ziel hingedrängt, das sie selbst nicht einmal kennen. Dies ist möglich, weil die Menschen nicht die Moral und ihre geistige Freiheit als ihr eigentliches Ziel erkennen. Sie produzieren mit ihren Leidenschaften einen großen Wirbel, fühlen sich schwindelig berauscht von der bloßen Geschwindigkeit ihres Wirbelns und halten dies für Freiheit. Doch das Ende mit Schrecken wartet schon auf sie, das ist so gewiss wie der Tod, denn die Wahrheit des Menschen ist eine sittliche Wahrheit und seine Befreiung findet er im spirituellen Leben.«

Einen zentralen Stellenwert in Gandhis Philosophie einer idealen Gesellschaft nimmt das Konzept der *Sarvodaya* (Wohlstand für alle) ein. Damit ist keineswegs Wohlstand im Sinne von Almosen gemeint, die an die Bürger verteilt werden, sondern Wohlstand im Sinne einer Garantie dafür, dass jedem Einzelnen das Nötigste zusteht, um damit ein annehmbares Leben zu führen. Dazu gehören vor allem gute und faire Arbeitsbedingungen. Auf diese Weise könnte das Gemeinwesen von der durch den Materialismus bedingten wirtschaftlichen Ungleichheit befreit werden.

Gandhi hat oft verkündet, dass er Kapitalisten mag, nicht aber den Kapitalismus. Ich glaube, er hat das so formuliert, weil er stets den Menschen Achtung entgegenbrachte, allein mit ihren Gedanken und Haltungen war er nicht einverstanden. Der Kapitalismus ist eine korrumpierende Gesellschaftsordnung, die Gier erzeugt, die wiederum die Seele des Menschen zerstört.

In den Köpfen vieler Menschen ist Gandhi eine Art Comicfigur: der Heilige, der allen materiellen Gütern entsagte und möglichst wenig Kleider anzog. Tatsächlich aber hielt Gandhi ökonomische Stärke für Indiens Schlüssel zur Freiheit, denn er wusste, dass nationale Unabhängigkeit bedeutungslos ist, solange man sich selbst oder seine Familie nicht ernähren kann.

Wenn man Gandhis Schriften zur Ökonomie liest, versteht man, dass das, was ihm vorschwebte, eine barmherzige und soziale Marktwirtschaft war. Die Formulierung scheint widersprüchlich. Kann denn die Ökonomie barmherzig sein? Folgt sie nicht immer den Gesetzen des Marktes? Gandhi hielt es für ausgeschlossen, dass die Welt sich zurückentwickeln würde zu der Zeit, in der die Menschen Tauschwirtschaft betrieben. Diese Zeit, in der es noch kein Geld gab und deshalb das Anhäufen von Besitz schwieriger war und der tatsächliche Wert von Produkten sichtbarer. Der Kapitalismus wird bleiben. Wir können ihn entweder bekämpfen oder ihn sozialer gestalten: Jeder Einzelne von uns kann sich in jeder Gesellschaftsordnung zu einem barmherzigen Geben und Teilen entscheiden und seiner Seele damit auch selbst Gutes tun.

In der Philosophie der Gewaltlosigkeit geht es auch darum, die existierende und erdrückende Kultur der Gewalt – dieses Nebenprodukt des konsumorientierten Lebensstils, für den Gesellschaften auf der ganzen Welt sich entschieden haben – zu verändern. Kapitalismus erzeugt Gier, und Gier führt zu Gewalt, und wenn Gewalttätigkeit eine Lebensform wird, dann durchdringt sie jede Facette des menschlichen Lebens. Dieser korrumpierende Einfluss zerstört die Seele der Menschheit und zerteilt die Welt in Reich und Arm. Wenn es stimmt, dass, wie Gandhi sagt, Armut die schlimmste Form der Gewalt ist, die nur durch barmherzige Taten einzelner Menschen beseitigt werden kann, dann muss man erwarten und einfordern, dass auch die Geschäftswelt Mitgefühl zeigt und die radikale Ausbeutung von Ressourcen und Menschen aufgibt.

Für den Aufbau einer idealen Gesellschaft, die sich auf Respekt, Verständnis, Akzeptanz und Mitgefühl stützt, setzte Gandhi drei weitere Prinzipien voraus: *Treuhandschaft, konstruktives Handeln* sowie *Kapitalisten kontra Kapitalismus.*

TREUHANDSCHAFT: Gandhi sagte, jeder Mensch habe ein Talent, das er entweder geerbt oder sich durch Bildung angeeignet habe.

Bedingt durch den individualistischen und egoistischen Lebensstil, den wir gewählt haben, glauben wir, dass wir unser Talent *besitzen* – also beuten wir es aus, um uns zu bereichern und unsere persönlichen Ziele zu verwirklichen. Gandhi glaubte, Menschen könnten mehr Gutes tun, wenn sie einfach ihre Einstellung änderten. Wenn sie sich klar machten, dass sie ihr Talent nicht besitzen, sondern dass es ihnen zu treuen Händen gegeben wurde. Man verwaltet oder verfügt also nur über Rechte und Privilegien, man besitzt sie nicht. Und dabei ist es gleichgültig, wie man zu seinen Fähigkeiten gekommen ist – durch gute Ausbildung, die Hilfe der Familie oder harte Arbeit.

Diese scheinbar unbedeutende Verschiebung vom *Besitz* eines Talents zur *Treuhandschaft* birgt eine wesentliche Veränderung: Von der Gier zum Mitgefühl. In einer habgierigen Gesellschaft entspringt Wohltätigkeit oft aus Mitleid. In einer mitfühlenden Gesellschaft hingegen ist Wohltätigkeit von einem Pflichtgefühl motiviert. Der Unterschied zwischen den beiden ist folgender: Wenn wir aus Mitleid geben, tun wir das aus egoistischen Gründen. Wir erhalten grundsätzlich den Status quo, das Gefälle zwischen Arm und Reich, wir lindern vorübergehend ärgste Not und steigern unser Selbstwertgefühl. Wenn wir dagegen aus einem Pflichtgefühl heraus geben, erkennen wir unsere Verantwortung für die strukturelle Ungerechtigkeit an. Ein Beispiel: Wir spenden den Armen Lebensmittel oder Kleider, vielleicht sogar Geld. So sind die Armen zwar mit dem Nötigsten versorgt, doch sind sie, um zu überleben, permanent auf wohltätige Hilfe angewiesen. Unsere Wohltätigkeit ist also Teil der wirtschaftlichen Unterdrückung, unter der sie leiden. Unser Handeln hat verschiedene Gründe. Erstens tun sie uns leid, weil sie leiden müssen, zweitens wird uns von Religionsführern geraten, Gutes zu tun, um uns einen Platz im Himmel zu kaufen, und drittens ist es die einfachste Methode der Wohltätigkeit, weil wir uns selbst und unseren Lebensstil nicht hinterfragen müssen.

Offensichtlich ignorieren wir die Tatsache, dass wir die Armen durch unsere Wohltätigkeit unterdrücken und das bisschen Selbstachtung und Selbstvertrauen, das sie eventuell noch besitzen, weiter zerstören. Armut ist Gewalt, und wie ein Geschwür zerfrisst sie das Innerste der Gesellschaft. Nach und nach beginnen wir, die Armen zu verurteilen. Wir lehnen sie als Menschen ab, sagen, dass sie selbst schuld daran sind, dass sie es in unserer Konkurrenzgesellschaft nie zu etwas bringen werden. Alles nur, um zu verdrängen, dass wir die Schuldigen sind. Aus Erfahrung wissen wir, dass man eine Lüge nur oft genug wiederholen muss, damit sie als eine Realität akzeptiert wird. Auch die Opfer selbst glauben oft genug diese Unwahrheit und verachten sich selbst umso mehr.

Um unser Mitgefühl zu wecken, genügt es, laut Gandhi, die Wahrheit anzuerkennen: dass unsere Talente und Ressourcen uns nicht gehören, sondern dass wir diese kostbaren Gaben nur verwahren. Gandhi hat das Prinzip der Treuhandschaft folgendermaßen erklärt: »Stellen Sie sich einmal vor, ich hätte ein Vermögen von zehn Millionen Rupien. Diesen Betrag könnte ich entweder ungeniert verschwenden, oder aber ich könnte die Haltung einnehmen, dass mir dieses Geld nicht gehört, dass es nicht mein Besitz ist, dass es ein Vermächtnis ist, welches mir von Gott übertragen wurde und das auszugeben mir nur bis zu dem Punkt zusteht, der meinen persönlichen Bedarf abdeckt. Dieser persönliche Bedarf sollte dem der anderen Millionen Menschen entsprechen. Meine Ansprüche dürfen nicht höher sein, nur weil ich zufällig der Sohn eines reichen Mannes bin. Ich darf das Geld nicht zu meiner Vergnügung ausgeben. Der Mann, der nur so viel für sich selbst nimmt, wie es die Gegebenheiten seiner Gesellschaft erfordern, und den Rest in den Dienst der Gesellschaft stellt, wird zum Treuhänder.«

Das Verantwortungsgefühl, Gandhi sprach von Pflicht, wird unsere Herzen für die Qual der leidenden Menschheit öffnen. Wir werden Wege finden, wie wir Armut und Unwissenheit auf eine kreative Art beseitigen können. Damit kommen wir zum zweiten Gedanken: das *konstruktive Handeln*.

KONSTRUKTIV HANDELN heißt, etwas mit der Intention zu tun, die Selbstachtung und das Selbstvertrauen der Armen und Ungebildeten wieder herzustellen. Sie so weit zu bringen, dass sie für sich selbst sorgen können. Möglicherweise wird dies einige Zeit,

Energie und Mittel kosten. Die Armen müssen sich das eigene Potential bewusst machen. Man muss ihnen zeigen, wie sie ihr Leben selbst ändern können. Um den Menschen zu zeigen, was konstruktives Handeln in der Realität bedeutet, unternehme ich Gandhi-Vermächtnis-Touren, bei denen ich mit einer Gruppe von Interessierten durch Indien reise. Wir besuchen zehn *konstruktive Programme*, die im Leben von Millionen Menschen einen großen Unterschied bewirkt haben. Ich möchte Ihnen anhand von zwei Beispielen das Prinzip nahebringen und Ihnen zwei Einzelpersonen vorstellen, die im Bewusstsein der Treuhandschaft ihr Leben gestalten und die so wahrhaft konstruktiv handeln.

Das erste Beispiel nennt sich SEWA oder *Self Employed Women's Association*. SEWA hat seinen Hauptsitz im Westen Indiens, in der Stadt Ahmedabad im Staat Gujarat. Kurz nach der Unabhängigkeit Indiens im Jahre 1947 nahm sich Miss Ela Bhatt, Tochter eines erfolgreichen Industriellen, der grassierenden Armut in Indien an. Sie sah, dass es die Frauen am härtesten traf. Deshalb begann sie, aus eigener Tasche Mikrokredite an die Frauen zu vergeben. So konnten die Frauen unter anderem im Großhandel Früchte und Gemüse einkaufen und sie mit einem

kleinen Gewinn in ihrer Nachbarschaft weiterver-
kaufen. Erstmals waren sie in der Lage, selbst ihren
Lebensunterhalt zu bestreiten. Dieses bescheidene
Projekt nahm unerwartete Dimensionen an.

Das Projekt zog mehr und mehr verarmte Frauen
an, und bald war Miss Bhatt von dem Ansturm über-
fordert. Also ging sie in Begleitung der Frauen zu
ihrer Geschäftsbank. Die Bank war eine Weile lang
entgegenkommend, denn Miss Bhatt und ihre Familie waren wichtige Kunden. Doch nach einer Weile
hieß es, die Bank besitze keine geeignete Infrastruk-
tur, um diese wachsende Kundenklientel weiterhin
zu betreuen. Die Kreditanfragen mittelloser Frauen
wurden abgelehnt.

Nun ergriffen die Frauen, die als Erste von Miss
Bhatts Programm profitiert hatten, die Initiative. Sie
wurden bei Miss Bhatt vorstellig und schlugen vor,
da sich die Handelsbank nicht kooperativ gezeigt
hatte, eine eigene Bank zu eröffnen. Miss Bhatt, die
die Hürden der Geschäftswelt kannte und wohl auch
nicht damit gerechnet hatte, dass ihr wohltätiges Handeln ein derartiges Eigenleben entwickeln würde,
konnte kaum glauben, dass die Frauen ihr und sich
zutrauten, eine eigene Genossenschaftsbank zu gründen: »Ihr Frauen könnt nicht mal eure Namen schrei-

ben und wollt eine Genehmigung zur Gründung einer Bank erhalten?«

»Das ist kein Problem. Wenn nötig, sitzen wir die ganze Nacht hier, und Sie zeigen uns, wie wir unsere Namen schreiben«, hieß es von Seiten der Frauen, die ganz offensichtlich ihren Mut wiedergefunden hatten.

Die Frauen waren entschlossen, und Miss Bhatt war beeindruckt und ihnen verbunden. Die ganze Nacht saßen sie zusammen und lernten, ihre Namen zu schreiben. Am nächsten Morgen begleitete Miss Bhatt sie zum Amt, das Lizenzen für Genossenschaftsbanken vergibt. Dort erhielten sie die Antragsformulare. Es dauerte nicht lange, und das Wunder geschah – ihr Antrag war angenommen. Das war die Geburtsstunde der SEWA Bank. Sie setzte eine Revolution in Gange, die auch heute noch an Boden gewinnt. Die SEWA dient mittlerweile Millionen von Frauen in unterschiedlichen Staaten. Vor kurzem eröffnete sie ein Programm in Afghanistan, und die Verhandlungen für Expansionen in weitere Länder sind im Gange. Den Frauen war nicht nur wirtschaftlich geholfen, sondern sie verbesserten auch ihren sozialen Status innerhalb ihrer Familien und der Gesellschaft. Weitere Sozial- und Bildungsprojekte

wurden ins Leben gerufen. Eine Mut machende Geschichte, die ich hier nur anreißen kann.[2]

Als zweites Beispiel möchte ich Rajendra Singh nennen, der seine Laufbahn im Gesundheitsministeri-
um des Bundesstaates Rajasthan in Zentralindien
begann. Nachdem er dort mehrere Jahre lang tätig
gewesen war, hatte er genug vom bürokratischen Umgang mit gravierenden Problemen. Er kündigte und
zog in ein Dorf, das in einer der wasserärmsten Gegenden Indiens liegt. Nachdem er sich dort nieder-
gelassen hatte, erhielt er Besuch von einem alten weisen Mann aus dem Dorf.

Dieser Besuch veränderte Rajendra Singhs Leben
von Grund auf. »Verschwenden Sie Ihre Zeit nicht
mit Bildungsprogrammen für die Armen«, sagte der
Alte. Dann fügte er hinzu: »Was wir in dieser Gegend
brauchen, ist Wasser. Ohne Wasser wird hier alles
zugrunde gehen.«

»Ich verstehe«, sagte Rajendra Singh. »Aber woher
bekomme ich Wasser?«

2 Für weitere Informationen, bitte ich um Kontaktaufnahme
mit Frau Dr. Margaret McLaren, Professorin am Rollins Col-
lege, Winter Park, Florida.

Der alte Mann begleitete Rajendra Singh auf einer Wanderung in die Umgebung. Er zeigte ihm, dass der wenige Niederschlag in der Ebene versickerte. Der Alte erklärte, es fehle etwas, um das Wasser zu sammeln. Und er führte aus, es bedürfe einer gut durchdachten Anlage von kleinen Teichen. So könne man verhindern, dass das Wasser versickert.

»Sie scheinen viel von der Sache zu verstehen. Warum haben Sie das nicht längst mit den Leuten aus dem Dorf umgesetzt?« Der Mann erwiderte traurig: »Die Dorfleute lachen mich aus. Sie schimpfen mich einen Verrückten. Auf Sie aber wird man hören, da bin ich sicher.«

Einige Wochen später verstarb der weise Alte, und Rajendra Singh hatte eine Entscheidung zu treffen: Sollte er zulassen, dass mit dem Körper des Alten auch sein Traum eingeäschert wurde, oder sollte er versuchen, ihn zu verwirklichen?

Rajendra Singh entschloss sich, den Dorfleuten die Weisheit des Alten zu demonstrieren, anstatt sie zu belehren. Er besorgte sich Bücher über Regenwassergewinnung und legte auf seinem eigenen Grund nach den Vorgaben des Alten einige kleine Erdwälle an. Als die ersten Regenfälle einsetzten, versickerte das Wasser nicht, sondern sammelte sich zu einem kleinen Teich. Als die Leute aus dem Dorf das sahen, baten sie Rajendra Singh um Hilfe, und es begann eine wahrhafte Revolution.

Inzwischen gibt es in dem Gebiet Dutzende von Teichen, der Grundwasserspiegel ist merklich gestiegen und über 1500 Quadratkilometer Land, das vorher verödet gewesen war, ist nun grün und belebt die Wirtschaft der Gegend. Inzwischen erzielen die Landwirte drei bis vier Ernten pro Jahr anstatt, wie früher, eine einzige, die sie dem Boden buchstäblich hatten abringen müssen.

Im Sinne dieser beiden hier in Kürze vorgestellten Projekte verstehe ich die eingangs erwähnte Theorie der *barmherzigen Marktwirtschaft*, die ich mir erlaube, hier einmal selbst zu entwickeln.

KAPITALISTEN KONTRA KAPITALISMUS: Gandhi sagte einmal sinngemäß, dass nicht der Reichtum verkehrt ist, sondern die Art, wie wir mit ihm umgehen. Als die Produktionsstätten noch klein waren und von einem Ort aus operierten, waren sie eng verbunden mit ihren Kunden und den Dörfern und Städten, in denen sie ansässig waren. Es waren gesunde Verhältnisse, denn sie waren nicht anonym, ob man wollte oder nicht, man musste Umgang mit dem anderen finden. Auch wenn es früher sicher nicht in jeder Hinsicht die ideale Welt war, waren die Wirtschaftsverhältnisse allein durch ihre regionale Begrenztheit menschlicher. So ungefähr stelle ich mir eine barmherzige Marktwirtschaft vor. Alles in allem müssen die Verhältnisse stimmen, in denen wir Profit erzielen. Und auch wenn einige mehr vom Wachstum profitieren, so muss doch jeder im Unternehmen oder in der Stadt daran teilhaben. Eine Gesellschaft ist so stark wie es die Beziehungen zwischen ihren unterschiedlichen Bevölkerungsgruppen sind. Individualismus produziert Egoismus und Gier.

Die Entstehung von Industrien gigantischen Ausmaßes zerstörte die Gesellschaft. Die Beziehung zwischen den Wirtschaftsunternehmen und ihrem Kundenstamm und ihrer Umgebung existiert nicht mehr, denn die Industrien sind enorm groß und beliefern globale Märkte. Heutzutage sind die Unternehmen den Aktionären verpflichtet. Hierdurch bildete sich zunehmend ein Phänomen heraus: Das Management der Betriebe sorgt dafür, dass die Aktionäre zufrieden gestellt werden. Gemeinsam schöpfen sie die Sahne ab, und den Bodensatz lassen sie abfließen. Immer mehr Industriebetriebe werden maschinell am Laufen gehalten, die Menschen verlieren ihre Arbeit. Fabriken mit einst hunderten von Arbeitern werden nun von einigen wenigen betrieben. Das einzige Interesse, das die Industrie an Menschen zu haben scheint, ist, sie auszubeuten oder zu Kunden zu machen, nur, um mehr und mehr Profit zu machen. Die wirtschaftlichen Verhältnisse zwingen uns dazu, den Volksverführern zu folgen.

Während ihres unvergesslichen Besuchs in den USA sagte Mutter Theresa, die Vereinigten Staaten, das reichste und mächtigste Land der Welt, seien »Reich an Gütern, doch moralisch bankrott«. Sie hatte Recht. Ich lebe hier und kann sagen, dass der Glaube vorherrscht, Fortschritt lasse sich nur an Materiellem messen, und der einzige Sinn im Leben sei das Streben nach materiellen Gütern. Kultur lässt sich nicht an dem von ihr angehäuften Reichtum messen, sondern daran, wie sie mit ihren Ärmsten und Bedürftigsten umgeht. Die USA sind das Land mit der größten Angst. Die Angst lässt sich an der Anzahl von Sicherheitsvorkehrungen ablesen, die die Bürger sowohl individuell als auch als Nation um sich herum aufbauen. Trotz der Tatsache, dass die USA die zweitgrößte Militärmacht der Welt (nach China) sind, fließt weiterhin fast so viel Geld in den Verteidigungshaushalt wie in das Ministerium für Bildung oder das für Soziales. Es wurde eine Militärindustrie geschaffen, die im Unfrieden erblüht. Je mehr Konflikte es in der Welt gibt, desto mehr Waffen setzen die USA ein oder verkaufen sie, und das bedeutet höhere Gewinne. Wir erfreuen uns unseres Reichtums, den wir auf Kosten der Mittellosen und unschuldigen Menschen der Welt verdienen.

Um den Ausbau der Streitkräfte zu rechtfertigen, schürt man die Angst vor vermeintlichen Angreifern. Tatsächlich ist die Armee ein zentrales Instrument der Außenpolitik der Vereinigten Staaten. Was nicht gesagt wird, ist, dass die Stabilität und Sicherheit eines Landes ebenso wie seine Beziehung zu anderen Nationen nicht von seiner militärischen Stärke abhängen, sondern von der Stabilität der Sicherheitslage der gesamten Welt. Egal, wie stark und reich wir sind, wir werden es nicht schaffen, unsere Eckchen Welt zu bewahren, wenn der Rest in Flammen aufgeht. Auch wir werden dann zugrunde gehen.

Es ist nicht nur unsere moralische und ethische Verpflichtung, den Menschen in aller Welt ein menschenwürdiges friedliches Leben zu ermöglichen, sondern es ist in letzter Konsequenz auch unser eigenes Interesse. Friede bedeutet nicht die Abwesenheit von Krieg. Wahrer Friede heißt Harmonie zwischen den Menschen in aller Welt. Es gibt in der Geschichte wahrhaft genügend Beispiele von Zivilisationen, die an ihrer Rücksichtslosigkeit und Aggressivität zugrunde gegangen sind. Ein Rezept zum Überleben scheint der sogenannte Sozialdarwinismus, nach dem jeder gegen jeden ums Dasein kämpft, nicht zu sein.

Im Westen missversteht man die barmherzige Marktwirtschaft möglicherweise als verkleideten Sozialismus oder sogar Kommunismus. Doch der historische Sozialismus hat versucht, seine Ideen den Menschen mit Gesetzen und Gewalt aufzuzwingen. Die Vision einer barmherzigen Marktwirtschaft ist eine andere. So wie Rajendra Singh seine Hilfe den Dorfbewohnern anbot, indem er die Verbesserung zunächst einmal selbst praktizierte und Teiche anlegte, so soll auch die barmherzige Marktwirtschaft ein Angebot sein, zu dem sich der Einzelne aus Überzeugung und freien Stücken selbst entscheiden kann. Man kann Menschen nicht dazu zwingen, gut zu sein oder mitfühlend. Dazu braucht es ein inneres Erwachen, Bildung und vor allem Vorbilder.

Mitgefühl wirkt ansteckend, und wir müssen lernen, uns anstecken zu lassen. Geschäfte machen ist gut, solange man sie mit der Absicht macht, das Wohlergehen aller zu sichern. Wenn die Giganten die Welt beherrschen, werden sie aggressiv, egoistisch und geizig. Um unsere eigene Gier loszuwerden, unseren Egoismus und all die negativen Begleiterscheinungen, müssen wir das Materielle als einen Aspekt des Lebens unter anderen begreifen und nicht als den wichtigsten. Dann können wir unsere Negativität ersetzen: und zwar durch Mitgefühl, Liebe, Empathie, Respekt, Verständnis, Akzeptanz und Wertschätzung. Dann werden wir nicht länger moralisch bankrott sein, sondern eine harmonische Balance zwischen dem eigenen Wohlergehen und dem unserer Mitmenschen finden und den Frieden in der Welt sichern.

Es gibt viele Bücher über die Weisheiten Gandhis und dieses ist ein weiteres. Eine zivilisierte Welt hieß für Gandhi eine Welt, in der alle in Frieden leben, beflügelt von Mitgefühl und von dem Gefühl der Verbundenheit mit den Mitmenschen als einer einzigen großen Familie der Menschheit. Viele haben das als Träumerei abgetan. So denkt nur, wer nicht daran glaubt, dass der Mensch gut ist. In jedem zivilisierten Land stützt sich das Gesetz auf die Vermutung, dass ein Mensch unschuldig ist, bis die Schuld bewiesen ist, doch in Wirklichkeit glauben wir genau das Gegenteil – jeder Mensch ist schuldig, bis er beweist, dass er gut ist. Eine Kultur lässt sich nicht am Reichtum des Landes oder Volkes messen, sondern an ihrer Fähigkeit, Gutes für die zu tun, die weniger Glück gehabt haben.

Ich lade Sie dazu ein, mit mir Mohandas Karamchand Gandhi an seinem 150. Geburtstag zu ehren, indem wir seinem Geist, seinem Intellekt, seiner Weisheit, die tiefgründig und prophetisch war, in 150 seiner bekannten und weniger bekannten Aphorismen begegnen. Ich habe sie ausgewählt, damit wir uns an ihn und seine Lehre erinnern, sie überdenken und von ihm lernen.

Für mich war es äußerst hilfreich, täglich nicht mehr als nur über eine seiner Weisheiten nachzudenken, um wirklich zu verstehen, was er gemeint hat und wie sie sich auf unser Leben anwenden lässt. Oft wirken diese kurzen Auszüge inspirierender auf die Menschen als umfangreiche Bände. Ich hoffe, sie werden für Sie so viel bewirken, wie sie es für mich getan haben. Nur durch Ihr Zutun lassen sich die Weisheiten in Weisheit verwandeln.

Eine harmonische, liebevolle, friedliche und gewaltlose Zukunft der Menschheit beginnt bei jedem Einzelnen. Im Moment leben wir in einer globalen Notlage ungeahnten Ausmaßes. Mit diesem Buch und vor allem mit den wunderbaren Worten meines Großvaters hoffe ich, Sie ermutigen zu können, der Wandel zu sein, den Sie sich für die Welt wünschen. Sie, ich – wir alle müssen genau jetzt handeln, um bessere Antworten auf die heutigen Fragen zu finden.

Aphorismen

Angst

Keiner kann dir Angst einjagen,
wenn du dich weigerst, dich zu fürchten.

Für einen gewaltfreien Menschen
ist die ganze Welt eine große Familie.
Deshalb fürchtet er keinen
und keiner fürchtet ihn.

Armut

Erinnere dich an das Gesicht
des ärmsten und hilflosesten Menschen,
den du je gesehen hast,
und frage dich,
ob das, was du als nächstes vorhast,
diesem Menschen etwas nützen wird.

Armut ist die schlimmste
Form der Gewalt.

Aufrichtigkeit

Ein Nein aus tiefster Überzeugung
ist besser und größer als ein Ja,
das nur gefallen will oder, noch schlimmer,
Schwierigkeiten umgehen möchte.

Bedürfnisse

Man braucht ein gewisses Maß
an körperlichem Wohlgefühl
und Ausgeglichenheit. Übertreibt man es
jedoch damit, ist es nicht hilfreich,
sondern hinderlich. Wer also danach trachtet,
sich unbegrenzt Wünsche auszudenken,
um sie sich dann zu erfüllen, der täuscht sich
selbst und geht sich damit selbst in die Falle.

Zivilisiert sein bedeutet nicht,
Bedürfnisse zu mehren,
sondern sie absichtsvoll und freiwillig zu
reduzieren.

Das Geheimnis eines glücklichen Lebens
liegt in der Entsagung.

Charakter

Der wahre Prüfstein,
an dem sich die Größe einer Kultur ablesen lässt,
ist der Charakter der Menschen,
nicht ihre Kleider.

Es war mir schon immer ein Rätsel,
wie sich Menschen für ehrenwert halten können,
wenn sie ihre Mitmenschen demütigen.

Ein Grundsatz ist ein Grundsatz
und darf keinesfalls verwässert werden,
nur weil wir es nicht schaffen,
nach ihm zu leben.
Wir müssen uns bemühen,
den Grundsatz zu verwirklichen,
und die Mühe muss bewusst,
absichtsvoll und anstrengend sein.

Für einen guten
Menschen ist die
ganze Welt gut.

Freiwillig auf sich genommen,
tragen Schmerzen und Qualen
zur Charakterbildung bei,
wird man jedoch zu ihnen gezwungen,
ist das nicht der Fall.

Demokratie

Solange die Macht
nicht zwischen allen Menschen
geteilt wird, ist Demokratie nicht möglich.
Doch darf die Demokratie nicht zur Herrschaft
des Pöbels verkommen.

Den demokratischen Geist
kann man Menschen nicht von außen aufnötigen.
Er muss aus ihrem Inneren kommen.

Eine Gesellschaftsform,
die den Minderheiten nicht ebenso
viel Freiheit garantiert wie der Mehrheit,
ist der Rede nicht wert.

Es entspricht meiner Vorstellung von Demokratie,
dass der Schwächste die gleiche Chance
haben muss wie der Stärkste.
Deshalb muss eine für das Allgemeinwohl
eintretende Demokratie die physischen,
wirtschaftlichen und geistigen Ressourcen
aller Bevölkerungsschichten stärken.

Eine Demokratie kann sich
nicht weiterentwickeln,
wenn wir nicht bereit sind,
die Meinung des Anderen zu hören.

Demokratie ist eine großartige Gesellschaftsform
und deshalb anfällig
für Missbrauch in großem Ausmaß.

Der Geist der Demokratie
lässt sich in einer von Terror geprägten
Umgebung nicht dauerhaft ansiedeln,
und dabei spielt es keine Rolle,
ob der Terror vom Staat ausgeht
oder vom Volk.

Eine Demokratie führt nicht zwangsweise
zu Korruption und Bigotterie,
auch wenn das bei uns heute
zweifellos der Fall ist.

Demokratie bedeutet ihrem Wesen nach,
dass jeder Mensch die vielen unterschiedlichen
Interessen vertritt,
die eine Nation ausmachen.

Fehler

Ich halte meine Fehler und Enttäuschungen
in Ehren, sind sie doch nichts anderes
als Schritte in Richtung des Gelingens.

Ich bin mir meiner Unvollkommenheit
schmerzlich bewusst,
und darin liegt meine ganze Stärke.
Denn ein Mensch,
der seine eigenen Beschränkungen
anerkennt, ist selten.

Frauen

Es wäre mir sehr recht,
in meiner zukünftigen Armee
die Frauen im Verhältnis zu den Männern
in großer Überzahl zu wissen.
Ich zöge dann, falls es dazu käme,
mit einem viel größeren Vertrauen
in den Kampf.
Wären die Männer in der Überzahl, hätte
ich Angst, sie könnten gewalttätig werden.
Mit Frauen hingegen wäre ich
vor einem Ausbruch der Gewalt gefeit.

Frauen sind wie geschaffen dafür,
Entdeckungen zu machen und kühne
gewaltlose Aktionen durchzuführen.

Frauen das schwächere Geschlecht zu nennen,
ist eine Verleumdung; sie ist ein Ausdruck
der Ungerechtigkeit des Mannes gegen die Frau.
Wenn mit Stärke allein körperliche Stärke
gemeint ist, dann ist die Frau

allerdings weniger stark als der Mann.
Wenn mit Stärke moralische Kraft gemeint ist,
dann ist die Frau dem Mann unendlich überlegen.
Besitzt sie nicht eine größere Intuition?
Ist sie nicht viel eher zur Selbstaufopferung bereit?
Besitzt sie nicht viel mehr Ausdauer?
Hat sie nicht viel mehr Mut?
Kein Mann kann ohne Frau existieren.

Was den Geist der Selbstlosigkeit betrifft,
kann ein Mann einer Frau darin
nie gleichkommen. Denn die Natur
scheint sie damit ausgestattet zu haben.

Wenn Gewaltlosigkeit zum Gesetz
unseres Daseins wird, dann gehört
die Zukunft den Frauen.

Freiheit

Keine Regierung der Welt schafft es, Menschen,
die sich innerlich frei fühlen, dazu zu bringen,
gegen ihren Willen zu salutieren.

Freiheit lohnt sich nicht,
wenn sie nicht die Freiheit
zu irren einschließt.

Freiheit ist wie ein neues Leben.
Solange wir nicht völlig frei sind,
sind wir Sklaven.

Das Streben nach Freiheit
unterscheidet den Menschen vom Tier.
Wenn die Freiheit das Privileg
des Menschen ist, dann ist
sie gleichermaßen seine Pflicht.
Nur ein überheblicher Mensch wird behaupten,
er sei völlig unabhängig und autark.

Wenn einem Einzelnen
die Freiheit verweigert wird,
hat man kein Fundament
für den Aufbau einer Gesellschaft.

Gerade so wie ein Mensch ungern
im Körper eines anderen leben möchte,
so möchte eine Nation nicht unter der
Aufsicht einer anderen Nation leben,
so edel und großartig
diese Nation auch sein mag.

Der Mensch lebt frei, wenn er allzeit bereit ist
zu sterben – wenn nötig auch durch die Hand
des eigenen Bruders.

Friede

Friede zwischen Staaten baut auf das stabile
Fundament der Liebe zwischen Individuen auf.

Wenn wir wahren Frieden in der Welt erlangen
wollen, müssen wir bei den Kindern anfangen.

Die Welt wird nur in Frieden leben,
wenn die Individuen, die sie gestalten,
dies beschließen. Die Möglichkeit, dass
dies geschieht, kann man weder ausschließen
noch sagen, wann es soweit ist.

Jeder muss seinen Frieden in sich selber finden,
und soll der Friede echt sein,
darf er sich nicht von äußeren Umständen
beeinflussen lassen.

Es gibt keinen Weg
zum Frieden,
denn Frieden ist der Weg.

Alle unsere Streitigkeiten entstehen daraus,
dass einer dem anderen
seine Meinung aufzwingen will.

Gandhi über sich selbst

Es gibt keinen »Gandhismus«,
und ich möchte nach meinem Tod
auch keine Sekte hinterlassen.
Ich behaupte nicht,
ein neues Prinzip oder eine Lehre
hervorgebracht zu haben.
Ich habe einfach nur auf meine Art versucht,
die ewigen Wahrheiten auf den Alltag
und seine Probleme anzuwenden.

Dass ich ein Mahatma bin,
ist nichts wert. Ein bleibender Wert
hingegen ist mein Festhalten an der Wahrheit,
an der Gewaltlosigkeit und
an der Enthaltsamkeit – das ist ein Teil
von mir, der mir wirklich entspricht;

und dieser Teil, so klein er sein mag,
darf nicht verachtet werden. Er ist mein Alles.

Nichts anderes bin ich als eine arme,
abgekämpfte Seele, die sich danach sehnt,
in ihrem Denken, Sprechen und Tun
absolut ehrlich und absolut gewaltfrei zu sein,
und der es nicht gelingt, dieses wahrhaftige Ideal
zu erreichen. Der Aufstieg dorthin ist schmerzhaft.
Doch dieser Schmerz ist mir tatsächlich
eine Freude. Mit jedem Schritt
aufwärts fühle ich mich stärker.

Ich bin kein gelehrter Mensch,
doch ich stehe zu der bescheidenen Behauptung,
dass ich ein Mensch des Gebets bin.

Ich mache keinen Unterschied zwischen
der Stimme Gottes, der Stimme des Gewissens
oder der Stimme der Wahrheit.
Für mich sind sie alle ein und dasselbe.
Es war mein Pech oder auch mein Glück,
dass ich die Welt überzeugen und dabei

in Erstaunen versetzen konnte. Ungewöhnliche
Experimente erzeugen leicht Missverständnisse.

Die Grundbegriffe der Gewaltlosigkeit
habe ich in meiner Ehe gelernt.

Gebet

Das Gebet ist der Schlüssel,
der den Morgen öffnet, und der Riegel,
der den Abend schließt.

Beten ist nicht bitten. Es ist ein Sehnen der Seele.

Gemeinschaft

Jeder Tropfen im Ozean ist Teil
seines erhabenen Ursprungs, auch wenn
er davon nichts weiß.
Doch sobald der Tropfen in ein vom Ozean
unabhängiges Sein gerät, verdunstet er.

Gerechtigkeit

Ein schwacher Mensch ist ohne Absicht gerecht,
ein starker, gewaltloser ist ohne Absicht ungerecht.

Die Gerechtigkeit, die ihren Ursprung in der Liebe
hat, ist ein Nachgeben; die Gerechtigkeit,
die das Gesetz befiehlt, ist eine Strafe.

Wer Unrecht, das ihm zugefügt wird,
schweigend hinnimmt, macht sich mitschuldig.

Geschichte

Die Geschichte lehrt die Menschen,
dass die Geschichte die Menschen nichts lehrt.

Gewaltlosigkeit

Meine Gewaltlosigkeit erlaubt es nicht,
vor der Gefahr wegzulaufen und meine Lieben

ohne Schutz zu lassen. Wenn die Wahl
zwischen Gewalttätigkeit und feiger Flucht
zu treffen ist, dann ziehe ich Gewalttätigkeit vor.
Ich kann einem Feigling
nicht mehr Gewaltlosigkeit predigen
als ich einen Blinden dazu verführen kann,
schöne Gegenden anzusehen.
Gewaltlosigkeit ist der Gipfel der Tapferkeit.
Ich hatte keine Schwierigkeit, Leuten,
die in der Schule der Gewalt
aufgewachsen waren,
die Überlegenheit der Gewaltlosigkeit
zu beweisen. Als Feigling,
der ich jahrelang war, hielt ich mich an Gewalt.
Ich begann Gewaltlosigkeit
erst dann zu schätzen,
als ich meine Feigheit aufgab.

Wenn wir Gewalt in uns tragen,
ist es besser Gewalt anzuwenden,
als sich das Deckmäntelchen
der Gewaltlosigkeit umzuhängen,
um damit unseren Hass zu kaschieren.

Du und ich – wir sind eins.
Ich kann dir nicht wehtun,
ohne mich zu verletzen.

Aber ich glaube, dass Gewaltlosigkeit
der Gewalt himmelhoch überlegen ist,
dass Vergebung männlicher ist als Vergeltung.
Doch Vergebung bedeutet nur dann
Gewaltverzicht,
wenn die Macht zur Vergeltung
vorhanden ist; es bedeutet nichts,
wenn Hilflosigkeit dahintersteht.

Gewaltlosigkeit beginnt
bei jedem einzelnen Menschen.

Gewaltlosigkeit ist die größte Kraft,
die der Menschheit zur Verfügung steht.
Sie ist mächtiger als die mächtigste
Vernichtungswaffe,
die der menschliche Erfindergeist
je ersonnen hat.

Ein Gebot der Gewaltlosigkeit lautet:
kein Mensch darf sich weigern,
einem anderen Menschen zu dienen,
so sündhaft dieser auch sein mag.

Wirkliche Gewaltlosigkeit heißt:
völlige Freiheit von Groll, Zorn und Hass und
eine überquellende Liebe für alles und jeden.

Wo Wahrheit und Gewaltlosigkeit fehlen,
steht meiner Ansicht nach unweigerlich
die Vernichtung der Menschheit bevor.

Es gibt nichts auf der Erde,
das ich nicht aufgeben würde,
ausgenommen natürlich folgende zwei Dinge,
und nur diese zwei:
Wahrheit und Gewaltlosigkeit.

Die wirkliche Prüfung
für die Gewaltlosigkeit liegt in der Begegnung
mit jenen, die sie verachten.

Gewaltlosigkeit lässt sich nicht
passiv praktizieren.
Ich halte Gewaltfreiheit für sinnlos,
wenn sie nicht direkt und aktiv
zum Ausdruck gebracht wird.

Gewaltlosigkeit erfordert Stärke
und Mut: Man muss Leid erdulden
und auf Rache verzichten
können. Man wird geschlagen
und kann nicht zurückschlagen.

Das ABC der Gewaltlosigkeit
erlernt man am besten
in der trauten Schule der Familie.
Aus Erfahrung kann ich sagen: Wer sie hier
meistert, der meistert sie überall.

Wer im persönlichen Umgang
mit anderen Menschen
die Gewaltlosigkeit nicht praktiziert
und glaubt, er könne sich ihrer,
im Falle des Falles bedienen,
der irrt sich gewaltig. [...]
Gewaltlosigkeit ist kein Kleidungsstück,
das man je nach Belieben
an- oder ausziehen kann.
Sie wohnt im Herzen und ist
ein untrennbarer Teil unserer Existenz.

Das Fundament eines
gewaltfreien Staates ist der
Wille eines
intelligenten Volkes.

Was kann fruchtbarer sein,
was nützlicher als die Treue zum Gelübde
der Gewaltlosigkeit in Denken,
Sprechen und Tun.

In der Gewaltlosigkeit müssen
sowohl das Anliegen
als auch die Mittel
gerecht und anschaulich sein.

Gewissen

Manchmal muss man dem Ruf folgen,
der alle anderen übertönt:
der Stimme des Gewissens.
Auch wenn dieser Gehorsam
bittere Tränen kosten wird
oder sogar die Trennung
von Freunden bedeutet, von der Familie,
vom Staat, dem man selbst angehört,
von allem, das man wertschätzt,
bis hin zum Leben selbst.

Gleichheit

So etwas wie Überlegenheit gibt es
meiner Ansicht nach nicht, weder angeboren
noch erworben. Ich glaube daran,
dass bei der Geburt alle Menschen gleich sind.

Habgier

Die Welt hat genug für jedermanns Bedürfnisse,
aber nicht für jedermanns Gier.

Man soll weder annehmen noch besitzen,
was man nicht wirklich braucht.

Hektik

Unsere moderne Kultur hat uns gelehrt,
wie man die Nacht zum Tag macht
und die goldene Stille
zu eisernem Lärm und Getöse.

Es gibt Wichtigeres im Leben,
als beständig dessen
Geschwindigkeit zu erhöhen.

Heutzutage rennen die Menschen
umtriebig herum,
ihre Wünsche multiplizieren sich
ins Ziellose, weil sie glauben, das verleihe
ihnen eine größere Bedeutung
und wirkliches Wissen.
Es wird der Tag kommen,
an dem sie rückblickend
ausrufen werden:
»Was haben wir getan?«
Schon viele Zivilisationen erlebten Blütezeit
und Niedergang und sind
danach verschwunden.
Einst rühmten auch sie sich stolz,
ein großer Fortschritt
für die Menschheit zu sein.
Doch ich möchte fragen:
Wozu das alles? Zu welchem Zweck?
Wallace, ein Zeitgenosse Darwins, sagte,
die vielen Entdeckungen und Erfindungen
der letzten fünfzig Jahre
haben den Menschen, moralisch gesehen,
nicht einen Zentimeter weitergebracht.

Hoffnung

Es entspricht meiner Erfahrung,
dass, wenn es keine Hoffnung mehr gibt,
wenn Helfer versagen und der Trost mir
entflieht, von irgendwoher Hilfe kommt,
und ich kann nicht sagen, woher.

Lernen

Lebe, als würdest du morgen sterben.
Lerne, als würdest du ewig leben.

Liebe

Liebe ist die stärkste Kraft der Welt, doch ist sie
die demütigste, die man sich vorstellen kann.

Die Liebe ermöglicht den Menschen,
Fürsorge für einen anderen zu empfinden.
Hass und Rivalität zerstören diese Gefühle.

Wirst du mit einem
Gegner konfrontiert,
erobere ihn mit Liebe.

Liebe und Gewaltlosigkeit sind in ihrer
Wirksamkeit nicht zu übertreffen.

Nur wo Liebe ist, ist Leben.
Leben ohne Liebe ist Tod.
Die Rückseite der Münze ist Liebe,
die Vorderseite Wahrheit.
Ich glaube fest daran,
dass wir die Welt mit Wahrheit
und Liebe erobern können.

Es gibt zwei Arten von Macht.
Die eine erlangt man
durch die Androhung von Strafe,
die andere durch die Kraft der Liebe.

Moral

Materialismus und Moral
stehen in einem reziproken Verhältnis
zueinander. Nimmt das eine zu,
nimmt das andere ab.

Im praktischen Handeln hat es die Moral nicht
geschafft, mit unserem Geist Schritt zu halten.

Die Größe und den moralischen Fortschritt
einer Nation kann man daran messen,
wie sie ihre Tiere behandelt.

Nichtzusammenarbeit

Die Nichtzusammenarbeit mit dem Schlechten
gehört ebenso zu unseren Pflichten
wie die Zusammenarbeit mit dem Guten.

Meine Nichtzusammenarbeit
bezieht sich auf Systeme und Einrichtungen,
nie auf Menschen.

Praxis

Das Geringste zu tun, ist mehr wert,
als Unmengen von Predigten zu halten.

Recht

Wenn du im Recht bist, kannst du dir
leisten, die Ruhe zu bewahren;
und wenn du im Unrecht bist, kannst
du dir nicht leisten, sie zu verlieren.

Ich bleibe Optimist,
auch wenn ich keinerlei Anzeichen
dafür erkenne, dass das Recht
sich durchsetzen kann.
Aber ich glaube fest daran.
Inspiration kann nur aus unserem
Glauben erwachsen, dass das Recht
die Oberhand gewinnen wird.

Religion

Die verschiedenen Religionen
sind für mich schöne Blumen aus ein
und demselben Garten oder Äste desselben
majestätischen Baums. Deshalb sind sie

alle gleichermaßen wahr,
auch wenn der Mensch sie durch
seine begrenzte Wahrnehmung alle
gleichermaßen fehlerhaft auffasst.

In der Formulierung »Toleranz
anderen Religionen gegenüber«
schwingt die unbegründete Annahme mit,
andere Glaubensrichtungen
seien der eigenen unterlegen.

Alle Religionen
sind mögliche Ausprägungen
von *Satya* (Wahrheit),
geprägt von den Gegebenheiten
der Kulturen sowie der menschlichen
Vergänglichkeit. Das heißt,
Religionen sind an Kulturen und Zeiten
gebundene Phänomene.
Sie alle sind mehr oder weniger wahr.
Sie alle sind gleichwertig,
denn keine Religion besitzt
die absolute und alleinige Wahrheit.

Ich lehne jede religiöse Glaubenslehre ab,
die nicht an den Verstand appelliert
und die sich der Moral widersetzt.

Nie darf ich danach trachten,
einen anderen in seinem Glauben
zu schwächen, es ist vielmehr meine Aufgabe,
ihn in seinem Glauben zu bestärken.

Meine Religion gründet
sich auf Wahrheit und Gewaltlosigkeit.
Die Wahrheit ist mein Gott.
Die Gewaltlosigkeit ist das Mittel,
mit dem ich ihn verwirkliche.

Es ist müßig davon zu reden,
dass wir Seelen für Gott
gewinnen wollen. Ist Gott so hilflos,
dass er nicht von sich aus Seelen
für sich gewinnen könnte?
Religion ist immer
die persönliche Angelegenheit
jedes einzelnen.

**Sanftmut kann
die Welt erschüttern.**

Satyagraha

Satyagraha ist ein kompromissloses Suchen
nach Wahrheit.

Satyagraha wurde entwickelt,
um damit die Ausübung von Gewalt
wirksam ersetzen zu können.

Satyagraha ist nicht auf Hilfe von außen
angewiesen, sie bezieht ihre ganze Stärke
aus dem Inneren.

Ein Satyagrahi liebt
seinen sogenannten Feind ebenso
wie einen Freund.

Selbstfindung

Die beste Art,
sich selbst zu finden, ist,
sich im Dienst für andere zu vergessen.

Das Leben ist nichts
als eine endlose Reihe
von Experimenten.

Der Ozean kennt keine völlige Ruhe,
das gilt auch für den Ozean des Lebens.

Leben ist eine Inspiration.
Es ist unser Auftrag,
nach Perfektion zu streben.
Das nennt man Selbstverwirklichung.
Man darf dieses hohe Ideal nicht nur aufgrund
eigener Schwächen und Mängel aufgeben.

Sieg

Zuerst ignorieren sie dich,
dann lachen sie über dich,
dann bekämpfen sie dich,
und dann gewinnst du.

Ein durch Gewaltanwendung erlangter
Sieg kommt einer Niederlage gleich,
denn er ist nicht von Dauer.
Was man mit Gewalt gewinnt,
kann man nur mit Gewalt behalten.

Spiritualität

Eine geistige Verbindung
ist so viel kostbarer
als eine körperliche.
Eine körperliche Verbindung,
die von der geistigen abgeschnitten
wird, ist wie ein Körper ohne Seele.

Stärke

Stärke ist keine körperliche Eigenschaft.
Sie rührt aus einem unbeugsamen Willen.

Je unschuldiger wir sind,
desto stärker sind wir,
und desto rascher siegen wir.

Fast alles, was du tust,
ist letzten Endes unwichtig –
aber es ist wichtig,
dass du es tust.

Misstrauen ist ein
Zeichen von Schwäche.

Der Schwache kann nicht verzeihen.
Verzeihen ist eine Fähigkeit des Starken.

Tod

Geburt und Tod
sind keine unterschiedlichen Zustände,
sondern zwei unterschiedliche Aspekte
ein und desselben Zustands.
Es gibt wenig Grund,
den einen zu beklagen,
und genauso wenig,
sich über den anderen zu freuen.

Vaterlandsliebe

Meine Vaterlandsliebe ist keine ausschließende,
sondern eine allumfassende.
Vaterlandsliebe, die versucht, andere Völker
auszubeuten, oder sie in Bedrängnis bringt,
lehne ich ab.

Mit dem Begriff Vaterlandsliebe
meine ich immer auch das Wohlergehen
des gesamten Volks;
könnte ein Kontrahent mir dieses garantieren,
würde ich mein Haupt vor ihm neigen.

Ich möchte nicht, dass mein Haus
an allen Seiten von Mauern umgeben ist
und meine Fenster zugemauert sind.
Ich wünsche mir, dass die Kulturen
aller Länder möglichst ungehindert
in mein Haus hereinwehen.
Nur umpusten lasse ich mich von keiner.

Der Mensch ist dort zuhause, wo sein Herz ist,
nicht dort, wo sein Körper ist.

Veränderung

Sei du selbst die Veränderung,
die du dir wünschst
für diese Welt.

Vorurteil

Vorurteile und Aberglauben
sterben nur langsam.
Sie trüben den Verstand,
vernebeln den Intellekt
und verhärten das Herz.

Wahrheit

Was ist Wahrheit?
Das ist eine schwierige Frage;
aber ich habe sie für mich geklärt.
Ich sage: Wahrheit ist das,
was die innere Stimme sagt.

In Momenten der Verzweiflung
erinnere ich mich daran,
dass im Verlauf der Geschichte
die Prinzipien der Wahrheit und der
Liebe stets gewonnen haben.
Es hat Tyrannen gegeben und Mörder,

die eine Zeitlang unbesiegbar schienen.
Doch am Ende stürzen sie immer –
denk daran: IMMER!

Ich bin der Wahrheit verpflichtet,
wie ich sie jeden Tag erkenne,
und nicht der Beständigkeit.

Wahrheit gleicht einem riesigen Baum.
Je mehr man ihn pflegt,
desto mehr Früchte trägt er.

Die Moral ist das Fundament aller Dinge.
Und die Wahrheit ist der Stoff,
aus dem die Moral gemacht ist.

Wahrheit und Gewaltlosigkeit sind ewig,
man kann sie nicht zerstören.

Der Weg der Wahrheit
ist schmal und gradlinig und gnadenlos
wie eine Klinge, doch für mich
war er der schnellste und einfachste.

Ich mag ein jämmerlicher Mensch sein,
doch sobald die Wahrheit durch mich spricht,
bin ich unbesiegbar.

Widerstand

Die Gewaltlosigkeit ist eine Waffe in den Händen
der Massen. Mit ihr kann auch ein Kind, eine Frau
oder ein schwächlicher alter Mann sich der
mächtigsten Regierung erfolgreich widersetzen.
Wer einen starken Geist besitzt, dem ist
mangelnde körperliche Kraft kein Hindernis.

Es ist falsch, gewaltlosen Widerstand
als passiven Widerstand zu bezeichnen.
Im Gegensatz zum gewaltlosen Widerstand
besitzt passiver Widerstand nicht die Kraft,
die Menschen in ihrem innersten Kern
zu verändern.

Gewaltlosigkeit, die nur gegenüber dem Staat
zivilen Widerstand leistet und nicht weitergeht,

hat den Namen Ahimsa kaum verdient. Man mag
sie von mir aus passiven Widerstand nennen.

Eine gewaltlose Revolution ist keine Anleitung
zur Ergreifung der Macht.
Sie ist eine Anleitung zur Umgestaltung
von Beziehungen. Und sie endet
in einer friedlichen Übergabe der Macht.

Wenn es darum geht, Freiheit und Demokratie
zu bewahren, kommen wir um den gewaltlosen
Widerstand nicht herum.
Für ihn brauchen wir Mut,
einen Mut, der wundervoll glänzt,
da er Leben schenkt, ohne Leben zu nehmen.

Gewaltloser Widerstand bedeutet, auf ein Recht
zu beharren, das im Gesetz verankert sein sollte,
das uns jedoch verwehrt wird.

Sobald sich der Staat nicht an das Gesetz hält
oder korrupt agiert, wird gewaltloser Widerstand
zur heiligen Pflicht.

Formen des Widerstands,
die durch und durch zivil sind,
rufen keinen Vergeltungsschlag hervor.

Wohlstand

Ich bin nicht gegen Wohlstand. Ich bin gegen
Wohlstand, der uns zu Sklaven macht.

Reich wird man erst durch die Dinge,
die man nicht begehrt.

Ein Wahrheitssuchender
kann es sich nicht leisten, egoistisch zu sein.
Wer bereit ist, sein Leben für andere
zu opfern, dem fehlt die Zeit,
sich einen Platz an der Sonne zu suchen.

Zorn und Hass

Hass lässt sich nur durch Liebe überwinden.

Auge um Auge –
und die ganze Welt
wird erblinden.

Der Mensch und das, was er tut,
sind zwei Paar Schuhe.
Eine gute Tat muss man bejahen
und eine schlechte muss man ablehnen.
Doch verdient der Täter, je nachdem,
ob er etwas Gutes oder Schlechtes
getan hat, auf jeden Fall unseren Respekt
oder unser Mitleid. Das Gebot lautet:
Hasse die Sünde und nicht den Sünder.
Obwohl es einfach zu verstehen ist,
wird es selten praktiziert.
Und genau deshalb verbreitet sich das
Gift des Hasses in der Welt.

Die wichtigste Lektion, die ich
zu lernen hatte, war, meinen Zorn
zu beherrschen.
Das habe ich durch bittere Erfahrung
gelernt.

Und wie gespeicherte Wärme
Energie ist, so kann auch kontrollierte Wut
in eine Kraft umgewandelt werden,
die die Welt bewegt.

Ahimsa

Warum ist Friede so schwer zu erreichen?

Menschen bemühen sich auf der ganzen Welt darum, Frieden zu schaffen, doch oft wird aus dem anfänglichen Optimismus eine herzergreifende Hoffnungslosigkeit. Der Glaube, Friede sei nicht machbar und jede Zivilisation sei zu einem gewaltsamen Untergang verdammt, ist weltweit verbreitet. Diese Art zu denken entstammt größtenteils der Vorstellung, Friede sei einfach nur die Abwesenheit von Krieg und Gewalt hieße einzig zu kämpfen und zu töten.

Der französische Philosoph und Schriftsteller Luc de Clapiers Vauvenargues sagte: »Was wir Frieden nennen, ist meist nur ein Waffenstillstand, in dem der Schwächere so lange auf seine Ansprüche verzichtet, bis er eine Gelegenheit findet, sie mit Waffengewalt von neuem geltend zu machen.«

Wenn eine Befriedung von Kampfhandlungen mittels Gewalt erreicht wird, ist sie von kurzer Dauer, denn der Hass und die Gewalt wird dadurch nur unter Verschluss gehalten: Der Gegner wird unterjocht. Wenn man Menschen gefügig macht, indem man ihnen Strafen oder Gewalt androht, auch indem man nur kräftemäßige Überlegenheit demonstriert, so ist das auf lange Sicht ein wirkungsloses Instrument. Es ruft meist Widerstand und Misstrauen hervor und führt zu Gewalt. Aus Erfahrung wissen wir, dass die herrschende Seite die Kontrolle nur behält, solange es ihr gelingt, Angst zu verbreiten. Der Mensch hat von Beginn an erfahren, dass er überlebt, wenn er Gewalt anwendet, und so hat er eine Kultur der Gewalt entwickelt, die nach und nach jeden Aspekt des menschlichen Lebens beherrschte. Unsere Sprache, unser Verhalten, unsere Beziehungen, unsere Einstellungen – kurz gesagt: Fast alles, was wir tun, ist von der Kultur der Gewalt durchdrungen.

Der Meister der brachialen Kriegsführung, Napoleon Bonaparte, schrieb in seiner Abhandlung über den Krieg, dass der General den Krieg gewinnt, der die Initiative ergreift. Diese Logik ist verheerend. Und auch wenn viele Nationen im Kriegsfall gern betonen, sie seien angegriffen oder provoziert worden und würden sich lediglich verteidigen, konstruieren sie dies, um ihren aggressiven Angriff zu legitimieren. Sie glauben, einen Vorteil durch den Erstschlag zu haben, und übersehen doch, dass es im Krieg keine Gewinner gibt.

Kann man sagen, eine Nation lebt im Frieden, nur weil sie sich mit keiner anderen im Krieg befindet? Ja, wir haben Kriege beendet und im Laufe der Geschichte immer wieder Frieden geschlossen. Die meisten Menschen weisen auf den Frieden hin, der dem Ersten Weltkrieg folgte. Der amerikanische Präsident Woodrow Wilson sagte am Ende des Ersten Weltkriegs: »Ich verspreche Ihnen, dieser Krieg wird der letzte sein – der Krieg, der alle Kriege beenden soll.« Ungefähr zwanzig Jahre nach diesem voreiligen Versprechen brach der Zweite Weltkrieg aus. Dieser Krieg brauchte noch mehr Tod und Zerstörung, er war so grauenvoll, dass ein Militär, der amerikanische General Douglas MacArthur, sagte: »Wir haben unsere letzte Chance. Wenn wir nicht ein größeres und besseres System entstehen lassen, wird Harmagedon vor unserer Türe stehen.«

Was folgte war das Wettrüsten. Die Supermächte setzten auf nukleare Abschreckung, und was ein Atomwaffenschlag bedeutete, wusste man seit dem Abwurf der beiden Atombomben in Hiroshima und Nagasaki. Doch diese Strategie zum Erhalt des Weltfriedens war nicht gerade beruhigend.

Die Zahl der Atomwaffen steigt jedes Jahr an, die Gefahr einer nuklearen Katastrophe ist auch nach dem Ende des Kalten Kriegs keineswegs gebannt.

Seit 1945 werden laut Arbeitsgemeinschaft Kriegsursachenforschung an der Universität Hamburg jedes Jahr im Durchschnitt vier neue Kriege weltweit begonnen. Für 2017 hat das Heidelberger Institut für Internationale Konfliktforschung weltweit 20 Kriege und 385 Konflikte gezählt.

Viele Länder wenden einen großen Teil ihrer Etats für das Militär auf, nicht nur im Kriegsfall sondern auch zu Friedenszeiten. Ein weiterer Teil des Staatsetats westlicher Länder fließt in die Forschung und Herstellung von Waffen. Und das sind nur die ökonomischen Verluste. Viel schwerer wiegt der Verlust von Menschen.

In einem Artikel mit dem Titel *Krieg kostet uns 13,6 Billionen US-Dollar. Warum geben wir so wenig für den Frieden aus?* schreibt Ms Camilla Schippa, Direktorin des Institute for Economics and Peace: Der letzte Bericht zum Weltfriedensindex kommt zu dem Schluss, dass das Jahr 2015 für den internationalen Frieden und die internationale Sicherheit ein schlechtes Jahr war. 2015 war die Anzahl im Kampf gefallener Opfer so hoch wie seit 25 Jahren nicht mehr, dazu kommen ein hohes Ausmaß an Terrorismus und die höchste Anzahl von Flüchtenden seit dem Zweiten Weltkrieg.

In dem Bericht, sagt sie, stehe, dass sich die Gewalt wirtschaftlich mit 13,6 Billionen US-Dollar auf die Kaufkraftparität der Weltwirtschaft niederschlägt. Das entspricht fünf US-Dollar pro Tag für jeden Menschen auf diesem Planeten.

Die Kosten der Gewalt werden typischerweise als menschliche und emotionale Kosten gerechnet. Doch der finanzielle Schaden für die Wirtschaft ist ein zusätzlicher Faktor und kann nicht außer Acht gelassen werden. Bei der Berechnung der Auswirkungen auf die Wirtschaft müssen die Kosten zur Verhinderung und Eindämmung von Gewalt berücksichtigt werden, und ebenso gilt es, die Konsequenzen zu bedenken.

Die Ausgaben und Verluste von 13,6 Billionen US-Dollar machen 13,3 Prozent des weltweiten Bruttosozialprodukts aus. Schlüsselt man die Zahl auf, würde das jährlich in etwa 1.876 US-Dollar für jeden Menschen dieses Planeten ausmachen. Diese Zahlen sind, laut Ms Schippa, aus zwei Gründen bemerkenswert. Erstens: 45 Prozent der wirtschaftlichen Auswirkung von Gewalt erwächst zum großen Teil aus Regierungsausgaben für militärische und internationale Sicherheit. In einer vorbildlich friedlichen Welt könnten diese Ressourcen anderweitig genutzt werden.

Zweitens: Der restliche Betrag bedeutet folglich Verluste durch Gewalttätigkeit und Konflikte, und auch die sind enorm. Sie sind weit höher als das, was die Staatengemeinschaft für den Frieden ausgibt.

Kriege sind nichts anderes als eine weiterentwickelte und verkommene Form der Tyrannei. Wenn Einzelne zu Amokläufern werden, sind wir entsetzt, wenn Staaten sich ebenso verhalten, nennen wir es Krieg und glauben, dagegen sei man machtlos.

Inzwischen gibt es Generationen, die glauben, Gewalt gehöre wesentlich zur menschlichen Natur und dass uns nichts anderes übrig bleibt, als so gut als möglich damit zu leben.

Dem italienischen Jesuiten und Archäologen Michael Graf della Torre-Valsassina haben wir folgende Worte zu verdanken: »Kriege sind nicht unvermeidlich. Sie waren es niemals. Unvermeidlich ist nur die Tatsache, dass der Friede unmöglich ist, wenn man glaubt, dass der Krieg ein unabwendbares Verhängnis ist.«

Mein Großvater hat die Philosophie der Gewaltlosigkeit begründet. Ihm ist es gelungen, zu zeigen, dass

Gewaltbereitschaft etwas Erlerntes ist. Davon zeugen die unzähligen Militärakademien und Kampfsportschulen in aller Welt. Auf die Wurzeln der Gewalt in der Natur des Menschen möchte ich später zurückkommen.

Aber zuerst zu der am häufigsten gestellten Frage: Warum ist es denn dann so schwer, Frieden zu erreichen? Was machen wir falsch, dass es uns nicht gelingt, Frieden zu schaffen? Fragen wir uns also, was unter *Friede* zu verstehen ist.

Nach Gandhi ist Gewaltlosigkeit keine passive, sondern eine aktive Kraft; sie ist keine Haltung, die man einnimmt, wenn sie hilfreich ist, sondern eine Lebensweise, die wir im Ganzen akzeptieren und aufrichtig praktizieren müssen.

In unserem Versuch, Frieden zu schaffen, haben wir unser Augenmerk ausschließlich auf die *physische Gewalt* gerichtet und zu wenig auf die *passive Gewalt*, die wir alle täglich, ob bewusst oder unbewusst, ausüben. Tatsächlich fehlt der Begriff »passive Gewalt« sowohl in unserem Lexikon als auch in unserem Bewusstsein. Wenn ich in meinen Vorträgen zum Frieden auf diesen Begriff zu sprechen komme, starren mich die Menschen manchmal verblüfft an und fragen sich, was um Himmels willen ich da rede. Physische Gewalt beinhaltet kämpfen, töten, morden, schlagen, vergewaltigen und all die anderen Möglichkeiten der Gewalt, bei denen der Körper eingesetzt wird. Passiv dagegen sind die Gewaltakte, in denen Menschen seelisch verletzt werden, ohne dass sie körperlich angegangen werden. Diskriminierung, Unterdrückung, Tyrannei, Gier, Verschwendung von Ressourcen, Armut, mangelnde Empathie, psychischer Missbrauch sind einige von vielen Formen passiver Gewalt. Am meisten überrascht es Menschen, dass ich auch Verschwendung von Ressourcen als Gewaltausübung betrachte. Dazu möchte ich eine Anekdote erzählen, die ich mit meinem Großvater erlebte und die ich ausführlicher in meinem Buch *Wut ist ein Geschenk* erzählt habe.

Im Alter von zwölf Jahren lebte ich bei meinem Großvater im Sevagram-Aschram in Zentralindien. Eines Tages warf ich auf dem Heimweg von der Schule einen kleinen Bleistiftstummel weg. Zuhause angekommen bat ich meinen Großvater um einen neuen Bleistift. Doch zu meiner Überraschung wusste Großvater, trotz allem, was er in jenen Jahren an politisch bedeutsamen Treffen und Unternehmungen auf der Agenda hatte, dass mein Bleistift, zumindest in seinen Augen, noch nicht ganz aufgebraucht war. Anstatt mir einen neuen Bleistift zu geben, schickte er mich hinaus, um den Stummel zu suchen und zu ihm zu bringen. Damals kam mir das lächerlich vor, und sicherlich verfluchte ich mein Schicksal, während ich wortlos tat, was mein Großvater von mir forderte. Als ich den Stummel schließlich in der einbrechenden Dunkelheit fand, dachte ich, mein Großvater werde sicherlich zustimmen, dass dieser Stummel zu klein war, um noch von Nutzen zu sein. Doch nein: nicht nur, dass er sagte, dieser Stummel sei keineswegs nutzlos, man könne noch wunderbar mit ihm schreiben. Mehr noch, er hatte zudem den Nutzen, dass Großvater mir an seinem Beispiel eine wichtige Lektion meines Lebens erteilen konnte. Er erklärte mir, dass auch bei der Herstellung kleiner Dinge – etwa eines Bleistifts – viele natürliche Ressourcen der Welt verbraucht werden, ganz zu schweigen von der Zeit und der Mühe, die in die Herstellung investiert werden. Wenn wir sie also wegwerfen, obwohl sie noch zu gebrauchen sind, ist das Gewalt gegen die Natur, weil wir die natürlichen Ressourcen verschwenden. Und es ist Gewalt gegen die Menschheit, denn unsere verschwenderischen Gewohnheiten tragen dazu bei, dass viele Menschen in Armut leben müssen. Großvater fuhr fort, mir zu erklären, dass diese Art passiver Gewalt mittlerweile überall auf der Welt im Leben der Menschen so allgegenwärtig sei, dass wir die Gewalt darin nicht einmal mehr erkennen. Doch sei es eine Tatsache, erklärte Gandhi, dass diese weitverbreitete Ausübung passiver Gewalt die Menschen, die sich als Opfer fühlen, dazu treibt, auf Vergeltung zu sinnen. Bauen nicht sogar die Rechtssysteme, selbst in den zivilisiertesten Ländern der Welt, auf das Gesetz der Vergeltung? Gilt nicht überall der Grundsatz *Auge-um-Auge*: Wer uns etwas antut, soll dafür bezahlen? So facht die passive Gewalt das Feuer der physischen Gewalt an. Und wie können wir dieses Feuer löschen, wenn wir nicht aufhören, die Glut zu nähren? Da wir alle passive Gewalt ausüben, tragen wir alle gleichermaßen die Verantwortung und müssen unsere Schwächen und unser negatives Verhalten erkennen, damit wir *die Veränderung werden, die wir uns wünschen in der Welt,* und Frieden etablieren können. Friede muss Stein auf Stein aufgebaut werden: Wir müssen unsere Fehler anschauen, um aus ihnen zu lernen und sie dann zu transformieren.

Der Dalai Lama hat einmal gesagt: »Wer selbst keinen inneren Frieden kennt, wird ihn auch in der Begegnung mit anderen Menschen nicht finden.« Und es scheint so, als würden die Menschen immer weniger inneren Frieden finden. Besitz und materielle Werte prägen unser Leben immer mehr, wir wollen immer mehr, je mehr wir besitzen. Zufrieden zu sein mit dem, was wir haben, ist in einer spätkapitalistischen Gesellschaft harte Arbeit. Doch die wenigsten Menschen leisten sie. Vielmehr investieren viele jedes Quäntchen ihrer Energie und Lebenszeit in den Versuch, materiellen Besitz anzuhäufen. Dabei vernachlässigen wir die wichtigen Dinge des Lebens, das Miteinander mit anderen, Beziehungen aufzubauen, mitzufühlen mit denen, die weniger Glück gehabt haben, oder den Augenblick zu genießen.

Eine wichtige Säule von Großvaters Philosophie der Gewaltlosigkeit ist die Beziehung, die wir zur Welt und anderen Menschen eingehen. Solange unsere persönlichen wie internationalen Beziehungen auf Eigennützigkeit aufgebaut sind, solange werden sie zu Konflikten und sogar Gewalttätigkeiten führen. Um diese Konflikte zu handhaben, haben wir Kurse zur Konfliktbewältigung entwickelt. Es ergibt keinen Sinn, zuerst einen Konflikt zu verursachen und dann zu lernen, wie man ihn friedlich beilegt. Die Philosophie des Ahimsa betont, dass man lernen muss,

Konflikte zu vermeiden, indem man eine Atmosphäre schafft, in der man mit niemandem in Konflikt gerät. Friede ist Harmonie, die erreicht wird durch die Abwesenheit von Konflikten. Wenn man Konflikte zulässt, besteht die Gefahr, dass sie eskalieren. Wenn wir lernen, Konflikte zu vermeiden, sind wir gefordert, Beziehungen aufzubauen, die sich auf Respekt, Mitgefühl, Verständnis, Akzeptanz und Wertschätzung gründen. Ist das ein Luftschloss? Ich glaube nicht. Auch anderen Menschen, nicht nur meinem Großvater, gelingt es, Beziehungen zu führen, die sich auf gegenseitigen Respekt und Verständnis gründen. Sie wissen, dass alle Menschen, und infolgedessen also auch alle Nationen, miteinander verbunden sind und also auch miteinander in Beziehungen stehen. Die Sicherheit und das Wohlbefinden eines Landes, so stark und mächtig es auch sein mag, sind unauflöslich mit der Sicherheit und dem Wohlbefinden der restlichen Welt verbunden. Genauso wie keine Nation ihre Souveränität bewahren kann, wenn sie den Rest der Welt ignoriert, kann keine Familie die ihre bewahren, wenn sie die Nachbarschaft, in der sie lebt, ignoriert. Die Strecke, die wir auf der Suche nach einem sicheren Hafen zurücklegen können, ist begrenzt. Wenn wir Gewaltlosigkeit praktizieren, ist es unerlässlich, unseren Blick auf die Gesellschaft und die Nation auszuweiten.

Es gibt in der Philosophie der Gewaltlosigkeit noch vieles, das wir, wenn wir wirklich dauerhaft Frieden schaffen wollen, verändern müssen. Zum Beispiel unsere Auffassung von Recht und Gerechtigkeit. Die Basis unserer Rechtssysteme sind Strafe und Vergeltung. Einem Kriminellen wird der Prozess gemacht, und er landet im Gefängnis. Die Haltung, die dahintersteckt, wurzelt in der Annahme, es gebe *gute* und *schlechte* Menschen. Tatsächlich haben wir alle Gutes und Schlechtes in uns. Ob wir etwas Gutes oder Schlechtes tun, hängt immer von den Umständen ab und von den Zwängen, unter denen wir stehen, aber auch von den Entscheidungen, die wir treffen. Eine Strafe macht einen Menschen nicht unbedingt besser, vor allem nicht, wenn er sich anschließend in den gleichen Umständen und Zwängen wiederfindet. Mehr noch: Das Gefängnis macht aus Menschen eher harte Verbrecher als aufgeklärte Bürger. Wären Gefängnisse Orte der Läuterung statt der Bestrafung, könnten die Ergebnisse verblüffend anders aussehen. Dieselbe Auffassung von Gerechtigkeit tragen wir auch mit in unsere Familie. Wir bestrafen unsere Kinder, wenn sie sich schlecht benehmen, und meistens leiden sie still unter der Strafe, wie Verbrecher. Fortan werden sie alles dafür tun, nicht erwischt zu werden.

In einer friedfertigen Welt, sagte Gandhi, muss Strafe durch Buße ersetzt werden. Dabei tragen nach dem Verständnis meines Großvaters die Eltern die Verantwortung für Fehltritte ihrer Kinder. Schließlich haben sie ihre Kinder nicht gut angeleitet. Tun die Eltern dafür Buße, machen sie die Kinder auf ihre Fehler aufmerksam. Man könnte vielleicht einwenden, dass Kinder angesichts büßender Eltern einen Schuldkomplex entwickeln könnten. Doch sie müssen sich zumindest bis zu einem gewissen Grad der Verantwortung für ihr eigenes Tun bewusst werden, müssen sich eingestehen, dass sie etwas falsch gemacht haben, um die Lektion zu lernen. Wie die elterliche Buße auf das Kind wirkt, hängt natürlich vom jeweiligen Eltern-Kind-Verhältnis ab. Wenn es nicht auf gegenseitigen Respekt und Liebe gegründet ist, wird die Buße der Eltern bei dem Kind auch keine Wirkung zeigen, womit wir wieder bei dem hohen Wert der Beziehung, dem Miteinander, wären.

Die in den Gesellschaften entstehenden wirtschaftlichen und sozialen Ungleichheiten bringen unweigerlich eine Zunahme der Kriminalität, der Gewalt mit sich. Als Gegenmaßnahme erlassen wir härtere Gesetze. Kontrolle durch Angst heißt die weithin akzeptierte Ideologie. Wer Reichtum besitzt, lebt in ständiger Angst, ausgeraubt, überfallen oder getötet zu werden. Wer nichts besitzt, muss in ständiger Angst vor existentieller Not leben. Der Stress, dem man ausgesetzt ist durch ein Leben in Angst, und der Stress, der entsteht, wenn man wirtschaftlich abhängig ist, können auch den häuslichen Frieden zerstören.

Aufgrund der allgegenwärtigen Kultur der Gewalt wächst im Menschen eine Emotion: Wut! Wut ist ein sehr mächtiges Gefühl. Nahezu zwei Drittel der amerikanischen Teenager geben an, unter so heftigen Wutattacken zu leiden, dass sie Eigentum zerstören, Gewalt androhen oder in Gewalttaten verwickelt sind, stellte eine Studie der Harvard Medical School 2012 fest. Einer von zwölf Jugendlichen leidet unter pathologischem Jähzorn, charakterisiert durch chronische unkontrollierte Wutattacken.

Ronald Kessler, der Leiter der Studie, sagt: »Es ist ein enormes Problem, das Psychiater nicht ernst genug genommen haben.«

Wir haben wenig unternommen, um zu verstehen, was Wut ist, und wir lehren unsere Kinder offensichtlich nicht, wie man konstruktiv damit umgeht. Dies führt dazu, dass wir die Wut missbrauchen und auf diese Weise Gewalt hervorrufen.

Als Heranwachsender in Südafrika war ich ein Junge voller Wut. Ich lebte in dem äußerst gewalttätigen Klima der Diskriminierung und hatte auch am eigenen Leib erfahren, wie schmerzhaft Ablehnung aufgrund meiner dunkleren indischen Hautfarbe ist. Genau wie alle von Vorurteilen und Beleidigungen Betroffenen wollte ich zurückschlagen und spekulierte auf eine Gerechtigkeit nach dem Prinzip Auge-um-Auge.

Ich wollte stärker werden, mich verteidigen können und trainierte meine Muskeln mit Gewichten. Bald ging ich keinem Streit mehr aus dem Weg. Meine Eltern, die es sich zur Aufgabe gemacht hatten, die Philosophie der Gewaltlosigkeit meines Großvaters zu leben und in die Welt zu tragen, verzweifelten. Ich, ein Gandhi, war immer wieder in Schlägereien verwickelt. Als sie sich nicht mehr zu helfen wussten, schickten sie mich nach Indien zu meinem Großvater. Es folgten Jahre, die mein Leben für immer veränderten. Ich gestand meinem geliebten Großvater voller Scham, dass ich immer wieder von großer Wut erfasst werde. Ich war, so wie viele Menschen heute, bestürzt, als er mir erklärte, dass Wut eine gute Sache sei. Er verglich sie mit Elektrizität: *Sie sei nützlich, wenn man sie intelligent einsetze, aber wenn sie missbraucht werde, sei sie tödlich.* Er riet mir, verstehen zu lernen, was Wut ist, und diese Energie dann mit Bedacht einzusetzen, statt sie zu missbrauchen und so Leid für mich und andere zu verursachen. Er schlug mir vor, ein Tagebuch meiner Wut zu führen und jeden Vorfall aufzuschreiben, der sie anstachelte. Allerdings sollte das Tagebuch mit der Absicht geschrieben werden, eine angemessene Lösung zu finden, damit ich schließlich das Grundproblem bewältigen und am Ende alle zufrieden stellen könnte.

Ich gebe zu, so etwas ist nicht immer leicht, aber es ist auch nicht unmöglich. Es ist ein großer Gewinn, die eigenen Gedanken besser unter Kontrolle bringen zu können. Wir können unser Bewusstsein trainieren wie unseren Körper.

Großvater befahl mir, mich jeden Tag mehrere Minuten lang in ein stilles Zimmer zu setzen. Eine Minute lang musste ich meine ganze Aufmerksamkeit auf eine Blume richten, dann sollte ich die Augen schließen und herausfinden, wie lange das Bild sich im Auge meines Bewusstseins hielt. Am Anfang stellte ich fest, dass das Bild in dem Moment verschwand, in dem ich die Augen schloss. Doch nach einigen Wochen, in denen ich diese Übung täglich eine Stunde lang wiederholte, bemerkte ich, dass mir das Bild immer länger erhalten blieb. Diese Meditation half mir grundsätzlich, mein Bewusstsein besser zu kontrollieren. Wer sein Bewusstsein, seine Gefühle und Bedürfnisse unter Kontrolle hat, kann steuern, was er tut. Und wer Kontrolle über seinen Geist besitzt, ist auch dazu in der Lage, Hass mit Liebe und selbst gewalttätigen Menschen mit Respekt und Verständnis zu begegnen. Auf diese Weise tauscht man die Waffen aus, verändert man die Vorzeichen von Minus auf Plus und übernimmt so – wie Napoleon sagte – die Initiative und vergrößert die Chance auf einen Sieg. Und, was noch wichtiger ist: Man gewinnt, ohne dass ein anderer verlieren muss. Man bewahrt nicht nur den Respekt vor sich selbst, sondern erweist dem Gegenüber Achtung. Man muss sich immer im Klaren darüber sein, dass man in der Gewaltlosigkeit den Feind nicht bekämpft, sondern den Feind in einen Freund verwandelt.

Wenn man mich fragt, ob Gewaltlosigkeit heute noch aktuell sei oder nicht, dann zucke ich zusammen. Die vier Säulen der Gewaltlosigkeit sind Liebe,

Verständnis, Akzeptanz und Mitgefühl. Alle vier gelten in einer zivilisierten Gesellschaft als etwas Positives. Wenn wir also die Aktualität der Gewaltlosigkeit in Frage stellen, fragen wir in Wirklichkeit, ob Liebe, Verständnis, Akzeptanz und Mitgefühl heute noch relevant seien. Eine Gesellschaft ohne diese Eigenschaften ist keine zivilisierte und auch keine, in der ich gern leben möchte.

Mahatma Gandhis
Lebensdaten
in aller Kürze

1869 Mohandas Karamchand Gandhi, besser bekannt als Mahatma Gandhi, wird am 2. Oktober in der Küstenstadt Porbandar geboren. Die Familie ist der *Vaishya*, der dritten Kaste der Kaufleute, und damit der indischen Oberschicht zugehörig. Gemeinsam mit seinen drei Brüdern wird er in streng hinduistischem Glauben erzogen.

1882 Im Alter von dreizehn Jahren heiratet Gandhi die gleichaltrige Kasturba Kapadia.

1888 bis 1891 Auf Wunsch seines mittlerweile verstorbenen Vaters beginnt Gandhi ein Jura-Studium an der *Honourable Society of the Inner Temple* in London. Trotz seiner Versprechung, den Hinduismus in der westlichen Welt weiterzuverfolgen, wird er in Indien aufgrund seines Auslandsaufenthaltes aus der Kaste ausgeschlossen.

1891 Nach drei Jahren Studium erhält Gandhi die Zulassung als Rechtsanwalt und wird im Register des *High Court* vermerkt. Er kehrt zurück nach Indien, hat als Jurist aber nur mäßigen Erfolg.

1893 Im Auftrag einer Wirtschaftsgesellschaft gelangt Gandhi nach Südafrika. Während der Apartheid gelten die indischen Einwohner als Menschen zweiter Klasse.

1894 Gandhi gründet den *Natal Indian Congress*, der sich gegen die diskriminierenden Rassengesetze einsetzt.

1899 und **1906** Während des zweiten Burenkriegs und des Zulu-Aufstands leistet Gandhi gemeinsam mit indischen Freiwilligen sanitäre Hilfe.

1906 bis **1914** Gandhi entwickelt in Südafrika die Grundhaltung des Satyagraha, des gewaltfreien Widerstands in Form von Kooperationsverweigerung, Boykott, Streik. Für seine politischen Bestrebungen nimmt Gandhi zahlreiche Gefängnisaufenthalte in Kauf, verhindert aber gleichwohl viele, die indische Minderheit benachteiligende Gesetze.

1914 Ausbruch des Ersten Weltkriegs. Gandhi kehrt nach Indien zurück.

1919 Im März tritt der *Rowlatt Act* in Kraft: Die britische Regierung kann in Indien fortan Personen ohne Gerichtsverfahren inhaftieren. Gandhi ruft zum Generalstreik auf. Satyagraha wird zu einer Bewegung für die indische Unabhängigkeit. Die Briten schlagen die friedlichen Proteste teilweise mit Gewalt nieder, so beispielsweise beim Jallianawala-Bagh-Massaker.

1920 Gandhi wird Teil des *Indian National Congress*. Er führt den gewaltfreien Widerstand fort und ruft dazu auf, Steuerzahlungen einzustellen und auf eine Zusammenarbeit mit den Kolonialherren zu verzichten. Insbesondere die junge indische Bevölkerung zeigt sich von seinen Ideen beeindruckt.

1930 Anfang März ruft Gandhi zum Salzmarsch auf, einer Protestaktion gegen die englischen Steuern auf Salz, das Inder weder herstellen noch verkaufen dürfen. Innerhalb eines knappen Monats legt er 385 Kilometer von Ahmedabad nach Dandi zu Fuß zurück, auf seinem Weg schließen sich tausende Inder seinem Marsch an. Gandhi wird festgenommen und inhaftiert.

1931 Gandhi wird in die Freiheit entlassen. Das *Irvin-Gandhi-Agreement* wird unterzeichnet: Die Steuern auf Salz werden aufgehoben und den Indern die Salzproduktion für den Eigenbedarf erlaubt.

1939 Der Zweite Weltkrieg bricht aus. Gandhi lehnt die aktive militärische Beteiligung Indiens ab und spricht sich für gewaltfreie Widerstandsmethoden aus.

1942 bis 1944 Im August begründet Gandhi die *Quit-India-Bewegung* und fordert die sofortige Unabhängigkeit von Großbritannien. Einen Tag darauf wird er inhaftiert. Das indische Volk führt die gewaltfreien Bestrebungen der Unabhängigkeitsbewegung während seiner zweijährigen Haft fort.

1946 Sein Enkelsohn Arun wird zu Gandhi nach Zentralindien geschickt. Sie leben gemeinsam im Sevagram-Aschram.

1947 Am 3. Juni verkündet der britische Premierminister die Unabhängigkeit und Teilung des Landes in Indien und Pakistan.

1948 Am 30. Januar kommt Mahatma Gandhi durch ein Attentat ums Leben. Ein fanatischer, nationalistischer Hindu erschießt den 78-Jährigen bei einem öffentlichen Gebet.

Noch heute wird Mohandas Karamchand Gandhi in Indien als Nationalheld verehrt. Der Name *Mahatma* ist ein Ehrentitel und bedeutet »große Seele«, heute ist er verbreiteter als sein Geburtsname. Gandhis Geburtstag ist ein Nationalfeiertag in Indien.

Zeitlebens wurde Gandhi insgesamt zwölf Mal für den Friedensnobelpreis nominiert, zuletzt im Jahr seines Todes. Da der Preis nicht postum verliehen werden kann, wurde die Preisverleihung 1948 symbolisch ausgesetzt. Seit 1995 verleiht die indische Regierung den Internationalen Gandhi-Friedenspreis.

Glossar

Ahimsa ist die Negation des Wortes »Himsa« (Gewalt) und damit als »Gewaltlosigkeit« zu verstehen. Es ist ein elementarer Bestandteil der »Satyagraha«, des gewaltlosen Widerstands, und eines der leitenden Gebote Gandhis. Da dem Menschen Gewalt inhärent ist, kann Ahimsa nur angestrebt, aber niemals in Gänze erreicht werden.

Dharma bezeichnet sowohl die »göttliche Ordnung« als auch die »Ordnung der Gesellschaft«. Zur göttlichen Ordnung (auch »Sanatana-Dharma« genannt) werden die Naturgesetze und die heiligen Schriften des Hinduismus gezählt; zur gesellschaftlichen Ordnung (auch »Varnashrama-Dharma«) gehören die Verpflichtungen der Menschen gegenüber den Göttern, den Weisen und den Vorfahren. Je nach Kaste bestehen ebenfalls unterschiedliche soziale Verpflichtungen.

Kafirs oder auch **Kaffer** stammt aus dem Arabischen und bedeutet »Ungläubiger«. Während der Kolonialzeit wurde das Wort von den Europäern als Schimpfwort für die schwarze Bevölkerung übernommen.

Sarvodaya bedeutet »Wohlfahrt für alle« und bezeichnet ein von Mahatma Gandhi entwickeltes Wirtschaftskonzept, das er in einem Text darlegt, den die *Indian Opinion* unter demselben Titel von Mai bis Juli 1908 in Fortsetzungen veröffentlichte.

Satyagraha ist eine Wortneuschöpfung Mahatma Gandhis. Sie setzt sich aus den beiden Begriffen »Agraha« (Streben nach bzw. Festhalten von etwas) und »Satya« (Wahrheit) zusammen und bedeutet somit »Streben nach/Festhalten von Wahrheit«. Satyagraha bezeichnet das Prinzip des gewaltlosen Widerstands, welches unter Gandhi zum Leitmotiv der indischen Unabhängigkeitsbewegung geworden ist.

Swaraj bedeutet so viel wie »Selbstbestimmung«, in der Kombination »Hind Swaraj« steht es für die »Indische Selbstregierung«. Es ist das Losungswort und Grundbestreben der indischen Unabhängigkeitsbewegung.

Quellenverzeichnis

Arbeitsgemeinschaft Kriegsursachenforschung der Universität
    Hamburg (AKUF) / Gantzel, Klaus Jürgen / Schwinghammer,
    Thorsten: Die Kriege nach dem Zweiten Weltkrieg bis 1992.
    Daten und Tendenzen, Hamburg-Münster: Lit-Verlag 1995.

Auswärtiges Amt: Indien, Wirtschaft, 26.03.19 (Online unter: htt-
    ps://www.auswaertiges-amt.de/de/aussenpolitik/laender/
    indien-node/-/205976, Stand 05.08.19), © 1995–2019 Auswär-
    tiges Amt.

Bok, Sissela: Vorwort, in: Mahatma Gandhi, *An Autobiography.
    The Story of My Experiments with Truth*, Beacon Press, Boston,
    1993. (© Navajivan Trust, 2010)

The Collected Works of Mahatma Gandhi, Vol. 37, The Publica-
    tions Division, Ministry of Information & Broadcasting, Go-
    vernment of India, New Delhi, 1970.

The Collected Works of Mahatma Gandhi, Vol. 69, The Publica-
    tions Division, Ministry of Information & Broadcasting, Go-
    vernment of India, New Delhi, 1977.

The Collected Works of Mahatma Gandhi, Vol. 88, The Publica-
    tions Division, Ministry of Information & Broadcasting, Go-
    vernment of India, New Delhi, 1983.

Gandhi, M. K.: Eine Autobiographie oder Die Geschichte meiner
    Experimente mit der Wahrheit, Göttingen: Wallstein Verlag,
    2011.

Global Study on Homicide, Homicide Dataset 2019 © United Nations Office on Drugs and Crime (UNODC), 2019 (Online unter: https://dataunodc.un.org/GSH_app, Stand 22.07.19).

Heidelberg Institute for International Conflict Research (HIIK): Konfliktbarometer 2017 (Online unter: https://hiik.de/2018/02/28/konfliktbarometer-2017/, Stand 22.07.19).

Kessler, Ronald C., PhD; Coccaro, Emil F., MD; et al. (Harvard Medical School): The Prevalence and Correlates of DSM-IV Intermittent Explosive Disorder in the National Comorbidity Survey Replication, in: *Archives of General Psychiatry*, Vol. 63, S. 669–678, 2006.

Moisse, Katie: Anger Attacks Rampant Among U.S. Teens, in: *abc-NEWS*, 3. Juli 2012 (Online unter: https://abcnews.go.com/Health/MindMoodNews/anger-attacks-rampant-us-teens/story?id=16694231#.T_NAV3CHaHl, Stand 22.07.19).

Schippa, Camilla: Conflict costs US $ 13.6 trillion a year. And we spend next to nothing on peace, in: *World Economic Forum*, 5. Januar 2017 (Online unter: https://www.weforum.org/agenda/2017/01/how-much-does-violence-really-cost-our-global-economy?utm_content=buffer5f981&utm_medium=social&utm_source=twitter.com&utm_campaign=buffer, Stand 22.07.19).

Tagore, Rabindranath: *Nationalism in India*, in: Nationalism, San Francisco: Book Club of California, Norwood Press, 1917, S. 115–154.

Index

FSC
www.fsc.org
MIX
Papier aus ver-
antwortungsvollen
Quellen
FSC® C014496

Oktober 2020
DuMont Buchverlag, Köln
Alle Rechte vorbehalten
© 2019 DuMont Buchverlag, Köln
Vorwort: © Seine Heiligkeit der Dalai Lama
Übersetzung: Alissa Walser
Umschlaggestaltung: Lübbeke Naumann Thoben, Köln
Illustrationen auf dem Umschlag und im Innenteil:
© Gile68/depositphotos
Satz: Fagott, Ffm
Gesetzt aus der Corporate und der Neutra
Druck und Verarbeitung: GGP Media GmbH, Pößneck
Gedruckt auf säurefreiem und chlorfrei gebleichtem Papier
Printed in Germany
ISBN 978-3-8321-6559-8

www.dumont-buchverlag.de

—

»Wir alle brauchen – heute mehr denn je –
Mahatma Gandhis Lektionen. Mein Großvater wäre
traurig über das Ausmaß von Wut in der heutigen
Welt. Aber verzweifeln würde er nicht.«

ARUN GANDHI

224 Seiten / Auch als eBook

Als Zwölfjähriger zog Arun Gandhi zu seinem Großvater nach
Indien. Von den wichtigsten Lektionen des Lebens, die ihm
Mahatma Gandhi erteilte, erzählt er hier ebenso wie von den
aufregenden gemeinsamen Jahren.

www.dumont-buchverlag.de